hommes &
montagnes

A Amélie,

Bravo pour ton Everest !
Merci pour les enfants —
Cultive ton chemin — —

Christine Janin

Dame de pics
et femme de cœur

Joie de Bois.
[illegible]

En couverture : photo de Sébastien Champeaux

Prépresse et fabrication : Glénat Production

Couvent Sainte-Cécile
37, rue Servan, 38000 Grenoble
www.glenat.com

ISBN : 978-2-344-04747-7
Dépôt légal : juin 2021

PEFC PEFC/14-38-00302

En collaboration avec
Anna Véronique El Baze

—

Christine Janin

Dame de pics
et femme de cœur

Glénat

Une nouvelle édition

Quel chemin parcouru depuis quatre ans ! J'ai l'impression qu'il s'est écoulé une éternité depuis la première édition de ce livre, tant il s'est passé de choses, tant j'ai le sentiment d'avoir changé et vécu des moments intenses. Et en même temps, tout est allé si vite.

En fait, chaque aventure est unique, toujours. Alors, à l'échelle des vies transformées, quatre ans, c'est vraiment l'éternité !

À première vue, on pourrait croire que tout est pareil, que la vie de l'association À Chacun son Everest ! et la mienne ont juste suivi leur cours ; les séjours se sont enchaînés, la maison est toujours aussi accueillante, la montagne forte et belle ! Nous avons accompagné près de six mille patients vers leur Everest, dont quatre mille cinq cent quatre-vingt-douze enfants et, en 2020, nous avons même franchi le cap des mille trois cents femmes accueillies.

Pourtant, lorsque je regarde en arrière, je me surprends moi-même du chemin parcouru depuis la première édition de ce livre, en octobre 2017.

À l'heure où j'écris, je porte un masque et, comme vous tous, je suis dans l'incertitude de ce que nous allons pouvoir faire, des conditions qui nous permettront d'agir et du jour où la liberté reprendra ses droits. Nous ne croisons plus que des visages masqués et nous avançons tous dans le flou. Quel chemin prendre ? Notre entreprise va-t-elle « tenir » ? Quand pourrons-nous retravailler ? Reverrons-nous bientôt ceux que nous aimons et qui vivent loin de nous ?

Nous encaissons un choc incroyable, un peu comme une guerre face à un ennemi invisible qui fauche au hasard et paralyse nos vies. C'est difficile de tout comprendre, difficile d'accepter l'inacceptable. Personne n'aurait imaginé vivre une pandémie qui nous obligerait à nous calfeutrer, à nous masquer, à nous isoler. À moi aussi, cette incertitude pèse. Ne pas savoir quand les séjours à Chamonix pourront reprendre est d'autant plus lourd que je connais la déception de tant de femmes et d'enfants dont l'accueil par l'association a dû être annulé ces derniers mois. Je vais faire le maximum pour les recevoir au plus vite.

Le premier confinement a été annoncé le samedi 14 mars 2020, jour de mon anniversaire. Comment ne pas m'en souvenir ? Quel cadeau ! Attablée dans un restaurant chinois de Chamonix, entourée d'amis je me réjouissais du programme du lendemain : la vallée Blanche à skis. Le lendemain, bien sûr, tout était fermé, plus de remontées mécaniques. Chamonix était comme figé. Pas un train, pas un avion. Je me souviens de ce silence incroyable, presque terrifiant car il augurait quelque chose de grave.

Et puis il a fallu réagir. Vite. Fermer la maison. Arrêter l'activité a été un bouleversement. Nous avons dû annuler les séjours, consoler, rassurer, reporter. Nous ne voulions laisser aucune femme, aucun enfant sans la perspective de venir nous retrouver dès que cela serait possible. Quand la deuxième vague est arrivée, il a fallu de nouveau annuler. Je me souviens de ce vendredi où nous avons appelé toutes les femmes attendues le surlendemain. La déconvenue a été rude pour nombre d'entre elles. On n'avait, hélas ! pas le choix. Et en mars 2021, nous sommes encore dans l'incertitude : une troisième vague va-t-elle déferler ?

En 2020, malgré tout, nous avons pu accueillir quatre-vingt-dix-sept femmes dans le respect des contraintes sanitaires. Elles ont toutes atteint leur « Everest » avec le même enthousiasme et sont reparties avec une belle envie de vivre, une confiance en la vie retrouvée, et surtout cette énergie que nous savons leur insuffler et qui leur permet de croire en tous leurs possibles.

Nous avons aussi reçu trente et un enfants. Tous ont accepté – et leurs parents également – les contraintes sanitaires avec une belle maturité, trop contents d'être enfin libres et ensemble !

Néanmoins, la venue de cent trente-deux femmes et d'une centaine d'enfants a dû être annulée en cette même année 2020. Nous pensions pouvoir reprendre les séjours le 24 janvier 2021 et avions lancé les inscriptions dans cette heureuse perspective. Nous avions hâte, et les femmes aussi ! Moins de trois minutes après l'envoi des messages électroniques, les inscriptions nous parvenaient déjà. Malheureusement, il a fallu une fois de plus renoncer. Et tandis que j'écris ces lignes, la date des prochains séjours reste incertaine. Que ce virus devient pesant !

* * *

Oui, le monde a véritablement changé en 2020, pour tous. Chacun d'entre nous doit faire face et gérer ses propres préoccupations, problèmes de santé, difficultés économiques, tourments psychologiques aussi. Nous ne savons pas ce que nous ferons de cette expérience, mais ce qui est certain, c'est que nous devons nous adapter, parfois même réinventer notre quotidien, chacun à notre niveau, pour franchir le mieux possible cette étape. À mon échelle, j'ai voulu agir là où je le pouvais. Le monde médical, les hôpitaux, étaient débordés, les personnels exténués. La maison À Chacun son Everest ! avait dû fermer ses portes. Toute l'équipe était pourtant disponible, désireuse d'aider. Alors j'ai imaginé, dès que cela a été possible, organiser des séjours pour les soignants. Ces femmes et ces hommes luttaient pied à pied pour sauver des vies, dans des conditions extrêmes, face à un afflux de malades de la Covid que personne n'aurait imaginé, et ils étaient nombreux à être au bord de la rupture physique et psychique.

Il fallait être particulièrement réactif car le besoin était immédiat et le créneau de disponibilité de la maison À Chacun son Everest ! limité. Ma volonté était d'offrir aux soignants une pause au pied du mont Blanc, loin du quotidien, un temps de récupération pour évacuer stress et traumatismes. Une parenthèse afin de retrouver ce fameux second souffle et l'enthousiasme à l'action.

Nos statuts associatifs spécifient que les dons que nous recevons doivent être intégralement dédiés à nos missions pour les enfants ou les femmes. Une autre source de financement était donc à trouver. Un élan de solidarité nous a permis de mettre sur pied ces séjours en un temps record. Le projet a instantanément obtenu l'adhésion de tous : Agence régionale de santé, Conseil départemental de la Haute-Savoie, directeurs d'hôpitaux, sans oublier le soutien inconditionnel de nos partenaires. Cette mobilisation générale a rendu possible l'organisation de séjours adaptés aux personnels soignants et totalement en ligne avec notre mission.

Pour cela, il m'a fallu trouver la porte d'entrée, comprendre à qui m'adresser, comment le faire et qui inviter prioritairement. Tant de soignants en avaient besoin ! J'adresse un grand merci au docteur Laetitia Stefani, oncologue du centre hospitalier Annecy Genevois, qui m'a guidée dans ce véritable labyrinthe.

Quand on veut aider, on ne réalise pas toujours combien c'est compliqué. J'avais de la place pour une centaine de personnes, or ils sont des milliers de soignants. Pourtant, il faut toujours oser. J'espérais aussi insuffler une dynamique, établir un exemple pour d'autres associations ou infrastructures qui créeraient à leur tour des programmes réparateurs pour les soignants.

Nos séjours, nous les avons donc proposés à des hôpitaux de proximité : le CH Annecy Genevois et le groupe hospitalier de territoire Léman-Mont-Blanc. Nous avons vite pris la mesure – la démesure ! – des besoins des personnels : épuisement physique et psychologique, colère, traumatisme…

Ainsi, de mi-juin à fin juillet, nous avons accueilli cent vingt-quatre membres du personnel hospitalier dans le cadre de huit séjours. Trois journées bien remplies, pour chacun des participants, entre activités sportives (randonnée, escalade, yoga) et activités de « développement personnel et de bien-être » (méditation, sophrologie, coaching et soutien psychologique via des entretiens individuels et des groupes de parole). « Soigner les soignants » était une manière de leur témoigner notre gratitude et de contribuer, à notre modeste échelle, à les soutenir à notre tour. J'ai été frappée par le besoin qu'ils avaient tous de partager leur vécu difficile au chevet des malades de la Covid. Aucun n'a jamais remis en question son engagement, mais tous avaient peur de la suite. Ils disaient : « *Si ça repart, je n'y arriverai pas.* » Je n'osais l'imaginer, moi non plus. Personne d'ailleurs. On y est, pourtant. L'épreuve continue. Quand cela prendra-t-il fin ? À quand une vie dite normale ? Personne ne le sait et cette précarité qui interdit toute anticipation est rude.

J'espérais que notre initiative contribuerait à une prise de conscience des directeurs d'hôpitaux et du ministère de la Santé quant à la nécessité de prendre soin de nos soignants. Je suis triste de réaliser – alors que nous affrontons une troisième vague de l'épidémie tout aussi forte – combien les soignants restent démunis et à la limite de l'épuisement. Je les ai accueillis à bout de forces, traumatisés, en larmes pour certains. Pourtant ils sont en première ligne, de nouveau. Ils n'ont pas le choix. Leur mission est de soigner jusqu'au bout. Mon respect et mon admiration sont immenses, à la mesure de ma déception vis-à-vis des pouvoirs publics. Il est urgent de reconnaître la valeur de leur travail, de donner de vrais moyens aux hôpitaux. Oui, le nombre de lits de réanimation a progressé de 15 % depuis la première vague en mars 2020, passant de 5000 à 5800, avec la possibilité de monter temporairement à 7000. Mais on est loin des 12000 lits promis en août par le ministre de la Santé ! Les soignants alertent depuis des années sur le manque de moyens à l'hôpital. Je sais qu'ouvrir de nouveaux lits implique de former davantage de personnels soignants. Alors commençons par mieux reconnaître le travail de ceux qui sont là ! En Haute-Savoie, ils sont trop nombreux à partir travailler en Suisse ou ailleurs parce qu'ils y sont « mieux traités ».

Alors que la troisième vague s'annonçait, la direction de l'hôpital d'Annecy m'a contactée pour savoir si nous pouvions accueillir de nouveaux soignants épuisés. En accord avec la préfecture, l'Agence régionale de santé et la mairie de Chamonix, nous venons de mettre en place quelques séjours qui permettront d'accompagner encore une centaine de soignants tout au long du printemps 2021.

Aujourd'hui, il est encore trop délicat d'accueillir à la maison À Chacun son Everest ! des femmes en rémission de cancer. Deux cents d'entre elles sont en attente de venir séjourner à Chamonix. Lorsque j'y songe, j'en ai le vertige. Comment vais-je faire ? Pour tenir, ma solution est de vivre l'instant présent. Pour l'heure, répondre à la demande de l'hôpital d'Annecy. Quel bonheur de rouvrir les volets de la maison, même si c'est « bousculant » de redémarrer après de longues semaines de calme. Mais le soleil est là, les équipes sont à fond et il est toujours aussi gratifiant de voir le sourire des soignants requinqués après deux journées intenses de soins, d'échanges et de sport au grand air. S'ils ne manifestent pas les mêmes angoisses face à la Covid que lors de l'été 2020, ils sont toujours aussi épuisés ; et ne pas voir le bout de la crise ajoute à leur épreuve.

* * *

Diriger l'association À Chacun son Everest ! n'est pas simple. Sur le plan du management, j'ai connu une période compliquée au début de l'année 2018, et j'en sortais à peine quand est arrivée la pandémie. Des déconvenues, des échecs, des essais peu concluants avec de nouveaux accompagnants m'avaient découragée. J'avais l'impression de ne plus y arriver. J'ai traversé des moments de doute profond. J'en suis même arrivée à mettre en question mon envie de continuer. Et ça, c'était beaucoup plus grave.

Alors j'ai dit stop! Je me suis donné quatre mois pour souffler, pour prendre du recul. Il me fallait cette pause pour y voir clair, pour retrouver mon chemin. Tout le monde s'inquiétait de ce qui allait se passer; les activités de l'association reprendraient-elles ou stopperaient-elles définitivement? Je ne savais plus trop moi-même. J'étais perdue, dans une forme de burn-out, abattue de ne pas trouver les ressources, la solution. Et dans le même temps, je me disais que ce n'était pas possible, je ne pouvais pas arrêter!

Nous avions déjà permis à près de six mille malades du cancer en rémission de dépasser leurs limites supposées et de vivre des sensations uniques de libération. Marcher, lâcher prise, ne plus penser, être dans le moment présent, juste à l'écoute de son souffle et de son cœur, s'ancrer, ressentir, VIVRE!

Je ne pouvais pas priver les patients de tout cela! Cela n'était pas juste! À moi de trouver une solution, car le chemin était bien là. Je n'avais pas le droit de tout gâcher, je n'avais pas le droit de baisser les bras, même si certains me le conseillaient. Comment abandonner son «bébé»? Je devais me repositionner, repositionner l'association, inventer un nouveau fonctionnement.

Alors j'ai annulé quelques séjours d'enfants, ceux du printemps. Les séjours d'enfants sont lourds à organiser et la responsabilité est évidemment immense. Je me rendais compte que je n'avais plus ce courage, cette énergie de tout porter. Il a fallu expliquer. Pendant plus de vingt ans, je n'avais pas connu de gros problèmes. J'assurais. Mais là, je me sentais fragile – moi aussi je vieillis! –, plus capable de supporter cette charge, or je ne pouvais pas faire courir le moindre risque ni aux enfants ni à mon équipe. Le droit à l'erreur ne m'était pas permis. Il faut savoir reculer et dire non lorsqu'on ne le sent pas. L'accident peut arriver quand on va à l'encontre de son cœur, quand on n'écoute pas son intuition. J'en ai déçu certains, mais c'était le prix à payer. André

Baruchel, chef du service d'hémato-immunologie pédiatrique de l'hôpital universitaire Robert-Debré à Paris et cofondateur de l'association, était déçu, mais il a accepté ma décision car il avait pu compter sur moi durant toutes ces années où j'avais assuré sans faillir. Beaucoup, comme lui, ont compris mon choix. L'engagement d'une vie est une responsabilité complexe, lourde, et je n'avais d'autre option que de lever le pied.

Cette courte période de recul m'a permis d'inventer une autre histoire, un autre management. Moi qui ne cessais d'expliquer l'importance du lâcher prise, je n'arrêtais pas de courir après le temps ! J'ai compris qu'il fallait tout « alléger », c'est-à-dire également le programme des séjours de femmes, et pas seulement l'accueil des enfants. À vouloir trop en faire trop, tout le monde s'épuise.

J'adore ces moments de « *switch* », quand du noir, on passe à la lumière, du lourd, au léger. Il suffit de pas grand-chose. Juste savoir s'arrêter, reculer, observer et alors, comme par magie, les solutions s'imposent. Alors tout devient évident et il est possible de repartir. Quand ça coince, que ça « cogne », quand tout est trop dur, c'est qu'on n'est pas sur le bon chemin. Faire une pause est vital, encore faut-il stopper à temps, en avoir la conscience, le courage, et savoir reconnaître ses erreurs.

Peu à peu tout s'est mis en place. J'ai trouvé de nouvelles ressources, de nouveaux thérapeutes, des psychologues. J'ai pu consolider l'accompagnement avec des intervenants réguliers et fidèles qui m'assuraient une continuité dans les séjours. Lors de chaque nouveau séjour, je n'étais plus seule avec de nouveaux bénévoles, de nouveaux accompagnants. Au fil des mois, cette organisation s'est consolidée. Émeline Sedjal, sophrologue, m'a ainsi secondée dans les séjours de femmes et a pris en charge les stages enfants avec son grand sourire et sa belle énergie. Nous avons formé un parfait duo pendant trois ans. Aujourd'hui, pour elle aussi le temps est venu de cette fameuse pause et de trouver sa propre route.

Je me trouve face à la problématique des associations qui reposent sur un fondateur très présent, peut-être même omniprésent. Je suis consciente que la pérennité d'À Chacun son Everest! devra se faire un jour sans moi et je mets déjà tout en œuvre pour commencer à reculer. Mais cela prend du temps. Il faut pouvoir se reposer sur des personnes fiables, stables, trouver le bon équilibre. Or les séjours demandent beaucoup d'implication, un vrai engagement de vie. Même si chaque nouveau collaborateur m'assure de son intégrité, de son envie de tout donner, de ne pas compter ses heures, rares sont ceux qui tiennent dans la durée.

Ai-je une énergie hors du commun? Est-ce que j'épuise mes collaborateurs? Sûrement! Mais dès l'instant où il est question de son bébé – et l'association est le mien! –, on donne tout. On engage sa vie. Comme une maman envers ses enfants. Je sais ne pas pouvoir exiger des autres ce même engagement inconditionnel. Donc mon chemin va se poursuivre par là. Peut-être me faudra-t-il trouver trois personnes pour me remplacer... En tout cas, je m'attelle dès à présent à mettre en place un fonctionnement différent et pérenne. Avec une place totalement nouvelle pour moi. Toujours en m'appuyant sur le «message de l'Everest», si important pour permettre aux femmes et aux enfants de réaliser le chemin parcouru jusqu'au sommet et surtout pour les aider à redescendre de «leur Everest».

Moi, j'ai mis trente ans à redescendre. Aujourd'hui, j'y suis presque! Je n'ai plus peur. J'ai une confiance absolue en l'Univers. Je ne crains plus les changements. J'ai compris que si je ne suis pas en phase, si c'est compliqué, si je ne me sens pas aidée et en lien, il suffit d'arrêter pour qu'autre chose survienne. C'est simple, et à la fois si compliqué. On a tellement peur à chaque «virage» de la vie, alors que le changement, le vide permet toujours l'avènement d'autre chose. Je sais qu'un jour tout sera en place. Et ce jour approche!

* * *

Plus le temps avance, plus notre «recette» s'affine, plus le travail d'accompagnement est mené en profondeur, plus les effets sont puissants. J'ai réalisé que l'allègement de la semaine, du programme suivi par les femmes permettait d'aller plus loin et de prendre encore mieux soin d'elles.

L'apport des différents thérapeutes – psychologues, soignants, coaches – est essentiel à l'outil À Chacun son Everest! Leur effet sur l'âme est probant aussi bien pour les femmes et les enfants malades que pour les soignants. Là encore, on en revient à l'importance de l'encadrement.

La qualité et l'engagement de l'équipe À Chacun son Everest! sont tout aussi essentiels. Certains sont partis, de nouvelles personnes nous ont rejoints. Au fil du temps l'équipe s'est structurée. Aujourd'hui, je crois savoir avec qui je peux travailler et avec qui je ne suis pas ou plus sur la même fréquence d'énergie. La réalité est que je travaille avec le cœur. Si je ne suis pas connectée, je ne peux pas faire semblant! J'apprends à m'entourer et je pense avoir une meilleure conscience de mes besoins.

J'ai aussi compris que certaines personnes étaient adaptées à une mission donnée à un moment donné, mais pas forcément pour toujours. Pour ma part, je suis en mouvement permanent, en perpétuelle recherche d'évolution, d'apports nouveaux. Cela explique sans doute l'épuisement de certains autour de moi. Pour moi le changement, c'est la vie! La preuve: la multitude de projets initiés ces trois dernières années.

* * *

Nous avons créé un superbe jardin botanique devant la maison de l'association. Cette réalisation a été rendue possible grâce au soutien du conseil départemental de la Haute-Savoie et à la Fondation Caisse d'Épargne Rhône Alpes. C'est sur ce jardin que les femmes et les enfants posent leur regard en arrivant. Avec son beau bassin en granit et sa végétation variée (un amélanchier, des sorbiers, des pins nains, des rosiers aussi, de la spirée, des simples et des plantes aromatiques aux saveurs innombrables – absinthes, hysope, mélisse citronnelle, millepertuis menthe, thym, verveine, sauge, sarriette, etc. –, utiles aux cuisiniers et à la préparation de tisanes), il suscite une première impression joyeuse et réconfortante, au diapason des séjours. Il a vite été apprécié de tous, autant pour son ambiance zen lors des cours de qi jong, que pour les ateliers jardinage. Tous l'ont adopté.

Nous avons mis à profit les mois de confinement pour offrir un coup d'éclat à notre « camp de base ». Toutes les parties communes ont été repeintes et un nouvel espace de cocooning a été aménagé au rez-de-chaussée de la maison. À l'extérieur, nous avons apporté quelques modifications au parcours d'accrobranche et à notre tyrolienne, à la fois pour « reposer » nos arbres et pour que l'activité procure à tous une bouffée d'adrénaline renouvelée !

Nous avons aussi profité du confinement pour améliorer l'isolation de la grande salle d'escalade et garantir une meilleure acoustique. Outre le gain thermique, la paroi installée améliore encore l'esthétique de la salle.

*
* *

Une réalisation d'envergure a marqué les trois dernières années. Elle s'est imposée comme la continuité logique de nos actions. Je rêvais d'un lieu « ressource » qui puisse accueillir les femmes après leur séjour, mais aussi les femmes en cours de traitement pour les préparer à ce long chemin. Je voulais créer un véritable refuge où elles puissent prendre soin d'elles-mêmes en toute sécurité et bienveillance, et trouver du lien social. Un lieu propice à l'échange et à un accompagnement dans la durée. Poursuivre la dynamique enclenchée durant les séjours est vital, et même si nous faisons le maximum pour maintenir les liens, même si les cordées régionales sont dynamiques, je voulais un espace dédié, qui soit un prolongement de l'activité de l'association à Chamonix. Localement, tout s'est enchaîné avec une incroyable rapidité. Les planètes étaient alignées ! Il a fallu six mois seulement entre l'idée et sa concrétisation par l'ouverture d'un Espace Everest à Pringy, non loin d'Annecy ! Pascale Darson, qui avait séjourné avec nous après son cancer en 2013, avait toutes les compétences pour assumer la responsabilité du centre. Alain Cordier, bénévole désireux de s'investir à fond, a trouvé le lieu idéal en moins d'une semaine – à deux pas du domicile de Pascale ! Et nos partenaires ont adhéré eux aussi à cette connexion spontanée. Comme je le dis toujours : quand les choses doivent se faire, elles se font !

Deux ans après son ouverture, l'Espace Everest a trouvé son rythme de croisière. Pascale le pilote avec passion et professionnalisme. En sa qualité de patiente-experte, elle sait comme il est essentiel d'être soutenue et active pour « guérir mieux ». Ce lieu de résilience offre des soins, de l'écoute et diverses activités sportives aux femmes, pendant et après leurs traitements. Elles peuvent se retrouver à toute heure de la journée dans son douillet salon pour partager un thé au coin du feu et rompre l'isolement fréquent causé par la maladie. Une équipe multidisciplinaire (professionnels de santé et de diverses disciplines de support : psychologues, coaches, professeurs de yoga, de méditation, etc.) les accompagne au quotidien. Une centaine de femmes le fréquentent régulièrement et elles sont de plus en plus nombreuses à prendre part aux activités (yoga, ostéopathie, sport, atelier coaching, entretiens psychologiques, art-thérapie, socio-esthétique, massages, etc.) et aux randonnées. Autant d'occasions pour consolider leur confiance et leur goût en la vie.

L'ouverture de l'Espace Everest a été une formidable opportunité pour l'association. Outre sa mission d'accompagnement des femmes, son lien constant avec la maison À Chacun son Everest ! a favorisé la collaboration de nouveaux thérapeutes, coaches, etc. Des synergies propices à enrichir l'action de la maison. Et une heureuse synchronicité avec mon besoin de trouver de nouveaux appuis et compétences.

Au centre, je suis toujours émue de voir la capacité de résilience de toutes ces femmes qui font de leur maladie une force. Elles sont toutes tellement courageuses ! À l'instar de Samantha, qui a quitté Lyon et un poste au sein d'un grand groupe pour s'installer à Annecy et devenir thérapeute. Aujourd'hui, elle donne aussi des soins à l'Espace Everest. Ou de Kheira, jeune Marocaine qui, grâce à l'Espace Everest, a pu rester en France après l'expiration de son permis de séjour. Répudiée par sa famille après son divorce, elle était venue en France prendre soin de sa sœur aujourd'hui décédée, avant de tomber malade à son tour. Pendant trois ans, elle a vécu dans la crainte constante d'être expulsée. Le préfet était sur place le jour de l'inauguration du centre. Le dossier de Kheira a été réétudié. Désormais, cette femme courageuse peut chercher un emploi stable. Licenciée en droit, elle accepte d'être caissière si un poste se présente, afin de reconstruire sa vie.

*
* *

S'il est vrai que nous accueillons un peu moins d'enfants que par le passé, nous leur réservons toujours la maison À Chacun son Everest ! durant les vacances d'été.

J'ai osé diminuer le nombre de séjours d'enfants, après avoir accueilli quelque quatre mille cinq cents enfants en vingt-six ans, car je n'avais plus l'énergie de porter une telle responsabilité. Je dois dire aussi que les services d'oncohématologie de nos hôpitaux partenaires nous adressent moins de patients car de nombreuses associations proposent aujourd'hui des loisirs aux jeunes malades. Ces raisons m'ont progressivement amenée à privilégier les séjours de femmes en rémission. Celles-ci ne requièrent pas la vigilance constante nécessaire aux jeunes enfants. Mais surtout, leur besoin d'accompagnement pour renouer avec la vie est si grand !

Les sept semaines réservées aux jeunes nous permettent malgré tout de recevoir une centaine d'entre eux chaque été. Les liens tissés avec les enfants et les adolescents sont extrêmement forts. Une fois adultes, ils sont nombreux à revenir dans notre maison où leur vie a repris des couleurs. Comme Fabien, Mathieu, Anthony, et Alice pendant l'été 2020, ils gravissent avec nous un sommet ou veulent faire découvrir la maison à leurs proches. Ces visites me touchent tout spécialement.

Je veux souligner qu'une formidable avancée est intervenue en 2018 grâce aux travaux menés par André Baruchel et son équipe sur les CAR T-cells (Chimeric Antigen Receptor T-cells). Un immense espoir de guérison pour des milliers d'enfants atteints de leucémie aiguë lymphoblastique et leurs familles. Un espoir que nous partageons

* * *

En 2020, beaucoup de femmes ont été désarçonnées face à la situation inédite de confinement. Afin de les rassurer et de garder le lien, nous avons instauré des échanges réguliers avec elles, mais aussi avec les familles des enfants venus en séjour.

Ainsi, dès le printemps, nous avons lancé une lettre hebdomadaire diffusant des messages positifs et des conseils. Nous avons aussi proposé aux femmes des rendez-vous quotidiens de « méditation collective ». Puis nous avons mis en ligne une « boîte à outils », riche de clés et de recommandations. À travers cette plateforme digitale, les intervenants de l'association ont pu dispenser des séances de yoga, de sophrologie et de méditation *live*.

Notre rendez-vous hebdomadaire Zoom a permis aux participant·e·s de se voir, de s'entendre, de s'encourager et, pour certaines, de combler un fort sentiment d'isolement. Ces Zoom ont été l'occasion de recevoir des invités-amis de choix : le champion du monde de ski Alexis Pinturault, la double médaillée olympique de biathlon Marie-Laure Brunet, Philippe Lebœuf, président de l'association À Chacun son Everest ! et directeur du Mandarin Oriental Paris, et même Bikram, mon filleul de cœur, en direct du Népal ! Des échanges pleins d'empathie où chacun a partagé son expérience du confinement et l'évolution de ses projets. De jolies parenthèses pour s'échapper sans sortir de chez soi et rompre l'isolement.

Ma volonté était de tout mettre en œuvre pour traverser cette épreuve ensemble, rester proches malgré la distance et dissiper les appréhensions face à l'incertitude de la situation. Je crois que nous avons bien avancé tous ensemble.

Ces rencontres virtuelles sont appelées à durer. Désormais nous proposons à l'année des cours de yoga, des séances de méditation, des coachings, des conseils, etc. Au final, le cercle vertueux mis en place pour surmonter la pandémie nous aura enrichis de ces outils dans la durée.

*
* *

Chaque année, je vais au Népal retrouver mes petits protégés et, bien sûr, Bikram. Depuis trois ans, mes nièces et neveux m'accompagnent.

Je suis d'abord allée avec Marie au Mustang, l'ancien royaume indépendant du Népal, où culture et traditions rappellent le Tibet proche. L'année suivante, avec Pierre, nous avons marché jusqu'au lac glaciaire de Tilicho (5 005 m), à l'écart de l'itinéraire classique du tour des Annapurnas. Enfin, en 2019, avec Clémence et Madeleine, nous avons effectué un formidable trekking dans la vallée du Langtang. Ce trek, je l'avais fait avec Bikram quelques mois avant le tremblement de terre de 2015. J'avais très envie de retourner dans cette vallée particulièrement meurtrie par le séisme.

Si je reprends si souvent le chemin du Népal, c'est qu'il me tient à cœur de faire découvrir à ceux que j'aime ce pays qui m'a tellement donné. J'y ai tant d'affinités et d'amis qu'il est presque ma seconde maison. Je trouvais chouette d'y emmener mes neveux et nièces et de les « rencontrer » différemment dans ce cadre. Je dois en profiter tant que je peux encore les suivre ! D'ailleurs, ils prolongent parfois nos journées de marche ou nos treks d'une ou deux heures, voire d'une journée à fond. Pendant que je me repose !

Je considère Bikram un peu comme mon « fils spirituel ». Il a passé deux ans à Chamonix au sein de l'association. Fanny, son épouse venait de mourir d'un cancer et il ne trouvait plus de sens à sa vie. Bikram et moi avons tissé des liens inaltérables. Il aimait s'occuper de la maison et accompagner les enfants et les femmes en montagne. La maison À Chacun son Everest ! était vraiment le sienne. Au Népal, où il est retourné vivre, il a développé les actions caritatives que nous avions initiées suite au tremblement de terre d'avril 2015. Nous continuons de prendre soin de nombreuses familles. À ce jour, nous avons aidé à la reconstruction d'une quarantaine de maisons et une quarantaine d'enfants sont parrainés par l'association Bikram Solidarité Népal.

Je veux rendre hommage à tous ceux qui parrainent chaque année un enfant, surtout des filles, leur permettant de suivre une scolarité complète et de pouvoir se projeter dans un métier et un bel avenir. Deux cent cinquante euros par an permettent à un enfant d'aller à l'école, d'acheter ses crayons, ses livres et son uniforme. À certains, dont le village est éloigné, le parrainage offre l'opportunité d'intégrer un internat. Mille euros sont alors nécessaires. Mais avec une défiscalisation de soixante-six pour cent, cela ne représente pas une si grosse somme !

Vous aussi, vous pouvez changer la vie d'un enfant ! J'ai personnellement la chance de « marrainer » Tezen, fillette de 12 ans, et Ranjita, la fille de notre porteur Salam, âgée de 5 ans. Tezen je l'avais rencontrée avant le tremblement de terre. Nous avions dormi trois nuits au *Leopard Lodge*, tenu par ses parents à Kyanging, au fond de la vallée du Langtang. Ils m'avaient demandé de l'aide parce qu'eux-mêmes savaient à peine lire et avaient conscience de la nécessité de donner une éducation à leur fille. Après le tremblement de terre, nos liens se sont renforcés, le père étant décédé et la maison ayant été détruite. Avec Bikram nous avons pris en charge toute la famille, de même que plusieurs autres. Aujourd'hui, Tezen parle très bien l'anglais et elle est si fière d'aller à l'école !

Nous parrainons les enfants d'amis de Bikram, souvent des porteurs dont les seuls revenus proviennent de l'accompagnement des treks et des expéditions, mais aussi des orphelins. Depuis le tremblement de terre, et plus encore depuis la pandémie, leurs conditions de vie sont extrêmement difficiles. À chaque fois que le Népal commence à sortir la tête de l'eau, une nouvelle catastrophe survient. La capacité d'acceptation et de résilience de ce pays et de son peuple est exceptionnelle. Ils sont dans une forme de karma, ou plus précisément d'acceptation de leur karma.

Généralement, je vais au Népal en décembre et janvier, après la fermeture de la maison À Chacun son Everest !, et surtout après la grosse saison touristique en Himalaya – quand c'était encore le cas. Là-bas, je vis des moments simples, d'une paisible intensité. J'abandonne mon petit confort occidental, je me reconnecte à la nature. C'est bon de se rassembler autour d'un poêle le soir et d'avoir les yeux qui piquent. C'est bon de s'adapter à l'altitude et de repousser ses limites pour grimper jusqu'à 5000 mètres… Là-bas, j'oublie mes soucis pour retrouver Bikram dans des lieux magiques, loin de la foule. Pour moi, ces trekkings, c'est vraiment vivre l'instant, respirer, marcher, souffler. C'est être en pleine conscience de chaque pas, des temples, des drapeaux à prières, des Népalais et de tout ce qui fait la magie de leur pays. Cette population avenante et prévenante a toujours le sourire, quelles que soient les circonstances.

En 2019, je suis partie faire un trek au Langtang avec Clémence et Madeleine. Le village que j'avais connu avait disparu sous un amas de rochers. Le séisme avait entraîné la chute d'une grosse partie du glacier. En s'effondrant, il avait tout balayé. Là où j'avais partagé de joyeux moments de vie avec les villageois, il n'y avait plus rien. Découvrir une telle désolation provoque un sentiment d'impuissance abyssale. J'avais la gorge nouée en pensant à tous ceux qui avaient perdu la vie, mais je me disais qu'il était d'autant plus important de faire ce trek, maintenant que les habitants pouvaient de nouveau accueillir les touristes. Beaucoup de lodges ont été reconstruits et les trekkeurs contribuent à la survie des communautés locales. Au Népal, chaque thé que l'on boit, chaque repas que l'on prend, chaque nuit dans un lodge les aide concrètement.

Un peu plus loin, à Kyanjing Gompa, nous avons retrouvé Sumjio et ses trois filles dans le *Leopard Lodge* reconstruit. Voir cette famille continuer d'avancer m'a remplie de joie et d'espoir.

Je vous invite à voyager au Népal. Bikram et d'autres amis porteurs seront heureux de vous guider. Votre séjour leur sera profitable et vous, vous en prendrez plein les yeux et l'âme. Vous découvrirez ce que vivre l'instant présent signifie, et vous vous apercevrez que le bonheur, il est là!

Chaque année, au Népal, j'apprécie de prendre du temps avec les enfants parrainés et de les emmener visiter leur pays. La plupart n'ont jamais quitté leur village ou leur quartier de Katmandou. Alors, j'organise des petites virées. Par exemple, je les ai emmenés à une vingtaine de kilomètres de la capitale, prendre le téléphérique de Chandragiti Cabel et découvrir la vue époustouflante sur la vallée de Katmandou. On a l'impression d'embrasser du regard toute la chaîne himalayenne, de l'Annapurna à l'Everest. Les enfants écarquillaient les yeux, ils découvraient la beauté de leur propre pays en même temps qu'ils profitaient de l'aire de jeux. Une autre fois, nous sommes allés dans le Teraï, pour un petit safari dans le Chitwann National Park où ils ont vu des rhinocéros, des crocodiles, et où ils ont fait un tour à dos d'éléphant. Bon, ce n'est pas ce dont je suis la plus fière… mais les enfants étaient tellement heureux!

En 2019, avec Clémence, nous les avons emmenés à Pokhara, à deux cents kilomètres de Katmandou. Durant tout le trajet – dix heures en minibus –, les petits ont eu la nausée; il faut dire qu'ils n'avaient jamais voyagé si loin! Mais aucun ne s'est plaint. Rien ne pouvait entamer leur joie et leur enthousiasme, ils étaient trop contents de partir à l'aventure. Pourtant, ce week-end-là, pas de chance, il pleuvait des trombes d'eau alors que d'habitude il fait très beau dans cette région. Nous sommes quand même allés naviguer sur des sortes de « radeaux de la *Méduse* à pédales » sur le lac Phewa, visiter un temple, manger des glaces, dormir dans un hôtel. Bref, de vraies vacances pour les enfants.

Je sais qu'ils m'attendent chaque année. Mon bonheur est de vérifier que, grâce à tous ceux qui nous aident et à Bikram, ces enfants ont un avenir beaucoup plus positif. J'admire leur capacité à être heureux. Ne pas pouvoir les retrouver début 2021, à cause de la pandémie, m'attriste et je sais comme ils sont déçus.

*
* *

Je veux évoquer les amis proches qui nous ont quittés depuis la première édition de ce livre. Chacun porte une histoire, chacun reste dans nos cœurs, dans mon cœur. Ils sont mes amis de toujours. Ils font partie de mon histoire.

Jean-François, le mari de Nathalie, ma grande amie d'enfance, est parti à la sortie du premier confinement. Jean-François était un passionné de la mer, un grand marin reconnu par ses pairs. J'adorais les retrouver sur leur beau voilier. Je me console en sachant qu'il aura eu le temps de vivre son rêve : naviguer avec Nathalie sur leur *Safir* toute une année en invitant leurs amis à bord tour à tour. Son départ a été un choc terrible, il s'en est allé en deux mois. Que faire, sinon être là et tenter de mettre des mots sur l'indicible? Je me console en me rappelant tous ces bons moments ensemble.

Marie Guilaine était à mes côtés lors de l'expédition à l'Everest. Elle était une confidente et m'a accompagnée dans de nombreux séjours de l'association, dont le tout premier, comme accompagnatrice des enfants. Quelques jours avant sa mort, nous l'avons « kidnappée » et sommes allées voir la mer. Ses pieds dans les vagues, son rire qui reste dans ma tête… Avec Émeline, nous avons réussi à la faire sourire encore deux jours avant sa mort. Elle semblait heureuse de la présence de ses amies dans cette épreuve ultime. Je passais souvent devant chez elle, sur la route des chalets de Chailloux. Je lui apportais des petits plats et je l'emmenais faire le sommet. Elle trouvait chaque fois l'énergie de grimper avec nous. Puis elle a été soignée dans le Midi, loin des montagnes mais près de sa sœur et de sa nièce qu'elle aimait tant.

Véronique, infirmière de profession, avait séjourné à l'association lors d'une rémission de son cancer. Parfois des liens privilégiés se tissent, et ce fut le cas avec elle. Ensuite, Véronique a osé faire Megève – Saint-Tropez, soit cinq cents kilomètres à vélo électrique en cinq jours, puis un trekking dans le désert avec des femmes de la cordée Cœur Vanessa. Après son séjour avec nous, elle a croqué la vie, elle a vécu à fond et trouvé des sœurs de cœur avec lesquelles partager ses joies et ses peines. Elle nous a quittés en juillet 2019. Son leitmotiv était « *Même pas peur, toujours à fond !* »

Hélène avait écrit mes livres, *L'Everest, Le pôle Nord* et *Le Tour du monde*. Le premier, nous l'avions finalisé à Las Terenas, sur l'île de Saint-Domingue, sous les cocotiers. Quel contraste ! Elle m'a fait un merveilleux cadeau en me demandant d'être la marraine de son fil Johann. Il est devenu un homme formidable et, comme dirait sa mère, « d'une intelligence humaine remarquable ». J'ai vu Hélène se transformer au fur et à mesure que sa maladie progressait. Elle s'est apaisée, a quitté ses colères. Elle a accompli un chemin exemplaire. J'ai été heureuse de l'accompagner, de pouvoir les aider, son mari Gaby, Johann et elle. Quelle aventure intense ils ont vécue ensemble ! Ils ont partagé ses derniers moments dans une communion qui a calmé ses peurs. Johann et sa compagne venaient de lui offrir un immense bonheur : quelques jours avant de s'éteindre, elle a pu prendre dans ses bras Ernest, son petit-fils. Tout le mystère de la vie était dans cette transmission, de la naissance au grand départ.

Armelle était venue suivre un séjour adolescent en 2018. Elle nous a quittés à l'âge de dix-neuf ans. Ses parents ont souhaité répandre ses cendres sur la Mer de Glace. C'était sa volonté. Un moment d'une émotion intense. La première neige venait de tomber, le paysage était féerique, une fine poudreuse scintillait. Nous avons fait notre trace, seuls dans ce paysage lunaire au-dessus du glacier. Toute la famille d'Armelle était là. Ses parents, sa sœur, ses cousins, ses oncles, ses tantes. Il y avait trop de neige pour aller au sommet, au Signal. Alors sur le chemin, il a fallu trouver l'endroit où installer le petit autel dans lequel elle reposerait. Au moment de déposer ses cendres sous un arbre, un soleil blanc a transpercé l'épais brouillard, clin d'œil du ciel qui s'ouvrait. C'est bouleversant. Elle est là-haut, et chaque fois que je passe dans ce virage au-dessus de la Mer de Glace, je dépose un joli caillou sur le cairn que nous avons érigé, et je lui souris. Avoir choisi de reposer sur la montagne gravie avec l'association est une marque de confiance et d'amour incroyable!

Claudine, mon amie bretonne, infirmière, est morte début 2021, de manière foudroyante, en une semaine, en Uruguay. Quelle stupeur! Ensemble, à son initiative et à celle d'Alain son mari, nous avions emmené une douzaine d'enfants naviguer au milieu des baleines en péninsule de Valdès, en Argentine. C'était en 1999. Nous avons fait tant de beaux voyages ensemble, aux Malouines, dans les canaux de Patagonie, du Saint-Laurent jusqu'à l'archipel des îles de la Madeleine, et même le fameux passage du cap Horn. Claudine et Alain formaient un couple exceptionnel de grands marins. Je remercie Claudine pour nos beaux moments de partage.

Ces six personnes si chères sont parties en quelques mois. Elles veillent maintenant sur moi, sur nous tous. Elles me manquent.

* * *

En 2020, j'ai fêté les trente ans de mon ascension de l'Everest. J'ai l'impression que c'était hier, et en même temps, quel chemin parcouru ! Je n'ai peut-être pas encore vu le bout de la redescente, mais beaucoup de choses se sont mises en place. Je me sens plus sereine, beaucoup plus posée qu'au moment de l'écriture de ce livre, et toujours en pleine forme.

Je pense avoir accompli de grandes avancées ces dernières années. Je me sens plus ancrée, je me fais davantage confiance, j'écoute encore plus mes intuitions. Je sais que ce que je fais est juste. Je me sens apaisée, légitime.

J'ai atteint un bel équilibre de vie. Je m'accorde des moments de respiration, je prends le temps d'accueillir ma famille et mes amis chez moi, de voyager aussi (Inde, Polynésie, Martinique, Népal, etc.). Les voyages sont pour moi le plus naturel des antidépresseurs ! J'en ai besoin et même si j'aime Chamonix, j'aime aussi m'en échapper. Désormais, je prends enfin davantage soin de moi.

Ce confort essentiel à mon équilibre, je le dois aussi aux nouveaux outils et intervenants que j'ai trouvés. Nous formons une belle équipe ! Peu à peu je délègue davantage, je suis moins présente. Je m'économise. Si je devais résumer, je dirais que j'ai tout calmé ! Le rythme des séjours et moi-même !

Quant à ma vie privée, elle reste et restera « au second plan » tant que l'association prendra toute la place. Je ne pense pas que cela soit ma priorité. J'ai essayé, je me suis peut-être trompée, ou j'ai encore cru en l'impossible. Mais j'en ressors plus grande et plus forte. Capable de m'aimer. Libre de cette rencontre improbable que tout le monde attend mais qui n'est peut-être pas nécessaire. Là aussi, j'avance ! Même si parfois je me sens seule alors que tout le monde me croit si entourée.

Le présent est radieux ! J'ai trouvé une énergie renouvelée, un sens nouveau à mon action, sachant désormais qu'elle peut perdurer. Mon plaisir est intact et j'avance dans un mode moins épuisant. Si je n'ai pas encore trouvé, ni sur le plan professionnel ni sur le plan personnel, les personnes pour m'accompagner, je me sens bien, alignée et en phase. Je sais que les choses arrivent quand c'est le moment. Alors ça va arriver!

Vivre c'est avancer, c'est être dans le mouvement! Je suis donc loin d'être au bout du chemin, et c'est tant mieux!

Comme j'achève d'écrire ces lignes, les navigateurs du Vendée Globe 2020-2021 viennent de boucler leur tour du monde sans escale et sans assistance. Quelle course incroyable! Clarisse Crémer est arrivée le 3 février après quatre-vingt-sept jours de navigation en solitaire. Sa joie, son émotion, son sourire, son incrédulité face à l'incroyable exploit réalisé, tout en elle m'a rappelé le temps de mes expéditions. Je me souviens de l'émotion de cet instant précis où l'on passe de l'effort absolu, du danger constant, au soulagement et à une joie intense mêlée de la nostalgie du moment d'exception qui n'est déjà plus. Pendant l'épreuve, on vit concentré, axé sur chaque pas, chaque vague, seul. Et d'un coup la foule est là, avec son énergie ahurissante. Lorsque j'ai réussi l'Everest, à quelques jours près, Florence Arthaud gagnait la route du Rhum. Je me souviens encore de l'émotion suscitée par sa victoire. Tous ces exploits sont des messages de courage et d'espoir, surtout en ces moments difficiles que nous traversons. Mon amie Hélène suivait le Vendée Globe avec passion. Cela l'aidait dans son combat contre la maladie. Elle adorait Clarisse et la voir de retour aux Sables-d'Olonne l'aurait transportée de joie.

Clarisse est partie avec peu d'expérience. Elle a découvert la course au large il y a cinq ans, et la navigation en solitaire sur les grands voiliers de dix-huit mètres, il y a à peine deux ans. Pourtant elle a osé. Tout au long de la course autour du monde, elle a continué d'apprendre. Cette expérience l'a enrichie à vie et elle peut être fière de sa performance, puisqu'elle est devenue la femme la plus rapide du Vendée Globe. L'enthousiasme de Clarisse me donne presque l'envie de partir à mon tour.

J'ai toujours rêvé de faire un tour du monde en bateau, mais sûrement pas dans ces conditions!

Je me revois partir à la conquête de mon premier 8000 mètres. J'avais à peine 24 ans et je n'avais même jamais gravi le mont Blanc! Et à 40 ans, je suis partie au pôle Nord sans vraiment savoir ce qu'il me faudrait endurer.

Tout est possible, toujours. Voilà le message que j'aime offrir aux enfants et femmes accueillis par l'association. Je veux leur rappeler qu'ils ont déjà réalisé une sacrée aventure, la plus belle, celle de la vie. Arnaud Boissière, porteur de nos couleurs, peut en témoigner: il a eu une leucémie à 17 ans et il a bouclé son quatrième Vendée Globe. Chapeau l'artiste! Ton exemple est un formidable message de résilience.

Avoir des rêves est important. Avoir des envies, c'est être en vie. Alors rêvons, osons et la vie sera belle!

Préambule

L'Everest, camp de base de son chemin de vie

Comment trouver son chemin de vie ? Quel sens donner aux événements qui jalonnent notre existence ? De quelle façon redescendre de son Everest, riche d'un nouvel élan ? À 60 ans, Christine Janin se les pose encore, ces questions essentielles.

Ces interrogations la portent et lui font, jour après jour, poser un pied devant l'autre pour avancer, avec conviction, vers le sens de sa propre existence.

Christine affronte la vie comme elle a défié les plus hauts sommets, avec obstination, enthousiasme, intuition et courage. Mais il est escarpé le chemin de la descente, celui de la renaissance, de la transformation. Descendre de « son Everest », comprendre le sens de son voyage initiatique personnel est souvent bien plus complexe et plus périlleux que de lutter pour atteindre le sommet.

Christine a marché des années durant sans trop savoir d'où lui venait la flamme intérieure qui la poussait à prendre des risques parfois insensés. Elle se croyait une guerrière de l'inutile. Elle se trompait. Au fil des années, des réponses lui sont apparues. Ses expéditions lui ont montré la voie, celle de sa mission. Christine avait enfin trouvé un sens à ses exploits. Les montagnes lui ont insufflé la force de créer, voilà vingt-deux années, l'association À Chacun son Everest !.

Christine n'a rien choisi ; elle a juste su accepter les messages de la vie… et osé les entendre ! Médecin et sportive hors pair, elle n'a pas gravi le plus haut sommet du monde pour rien : elle l'a affronté pour exister, pour être aimée, pour partager.

Aujourd'hui, ce sont les regards des centaines d'enfants et de femmes qui s'illuminent par la magie de son « message de l'Everest » qui la nourrissent. La force du cœur lui a permis d'avancer, et si elle s'est parfois trompée de route, elle n'a jamais lâché et a toujours su retrouver la bonne direction. Elle croit en la magie de la vie, en notre formidable capacité de résilience.

Aujourd'hui elle a atteint un autre sommet. L'association est désormais nichée dans une grande maison à Chamonix et accueille, chaque année, des dizaines de femmes et d'enfants en rémission de cancers. La mission est accomplie. Alors Christine doit reprendre sa route, trouver un souffle nouveau, et affronter l'après. Saura-t-elle découvrir le chemin qui la mènera vers son prochain sommet ?

Elle sait que gagner un nouvel eldorado personnel, se découvrir de nouvelles forces est aussi magique que ce 5 octobre 1990 où, dressée sur le Toit du monde, elle avait ouvert les yeux sur une lune vermillon baignant dans une mer de nuages mauves.

Portée par À Chacun son Everest !, elle doit poursuivre sa quête et trouver ce fameux second souffle, au risque de s'asphyxier.

Bientôt un nouveau groupe de femmes va arriver à Chamonix, à la maison Vallot. Par leur prisme, comme chaque semaine, Christine va partager son apprentissage, son expérience du sens des épreuves qui nous frappent, des chemins explorés pour trouver un nouvel élan de vie.

Christine est confiante, riche de tant d'aventures humaines, et elle croit en ce qu'elle appelle ses « anges ».

Anna Véronique El Baze

Chapitre 1

Face au mont Blanc

En ce début de mois de mars, des rayons de soleil fragiles lèchent les monts enneigés. Je savoure mon café, installée sur le canapé crème, face au mont Blanc. J'ai choisi cette maison pour lui. Je le voulais avec moi. La ténacité a payé. Après deux années de recherche, la chance m'a souri. Le coup de foudre pour cette maison aux larges baies vitrées, posée à moins de dix minutes de celle de l'association, avait été immédiat. Mimine bondit sur mes genoux, frotte sa tête contre ma main et manque de renverser ma tasse. Mes pensées vagabondent là-haut. Vendredi, dans quatre petits jours, elles sauront. Je vais les guider là-haut par la force de leur âme, par cette vitalité mystérieuse que dégage la montagne. Cette énergie céleste que ceux qui ont affronté les démons et les anges des pics connaissent.

Un dernier regard sur le bouddha assis qui prend éternellement le frais dans le jardin, un baiser sur le museau de Mimine et je file en direction de la maison Vallot. Voilà six ans que nous avons ouvert les premiers séjours aux femmes. Et elles sont déjà plus de huit cents à être venues faire le plein d'énergie au cœur des montagnes. Plus de 53 000 femmes sont touchées chaque année par un cancer du sein en France. Je voudrais qu'un jour toutes puissent vivre la montagne, respirer sa force invisible. Chacune des femmes qui arriveront tout à l'heure a son Everest à gravir, chacune est un maillon précieux de la cordée solidaire que nous allons construire ensemble, une semaine durant.

J'arrive à la maison Vallot en début d'après-midi. Elles ne seront pas là avant 17 heures et je veux revérifier absolument tous les aspects de l'organisation de leur séjour, avec la même rigueur que celle que je mettais à préparer mon matériel d'escalade et mon ravitaillement avant de me lancer à la conquête d'un sommet. À l'époque, je jaugeais, pesais, mesurais et préparais chaque détail de mes expéditions. Ma vigilance était absolue dans cette phase de préparatifs, tout devait être parfait. Les conséquences d'un oubli auraient pu être catastrophiques. Je n'avais pas droit à l'erreur.

Aujourd'hui, c'est différent. Pour autant, ma rigueur et mon exigence ne se sont pas infléchies. Avant chaque arrivée, je fais un tour complet de notre grande maison, attentive au moindre détail. Tout est sous contrôle. J'inspecte chaque recoin, telle la gouvernante en chef d'un palace, du sous-sol au troisième étage. Chambres à coucher, salles de bains, salles de massage, espace de yoga, mur d'escalade, réserve d'équipements, cuisine, chambre froide et tous les lieux de vie collective : rien n'échappe à ma vigilance.

J'ai voulu cette maison chaleureuse et accueillante. Chaque chambre est conçue comme un cocon chatoyant où les femmes et les enfants doivent se sentir apaisés et bienvenus. Les draps sont colorés, en harmonie avec les rideaux, les salles de bains décorées de mosaïques mexicaines, et un petit cadeau trône sur chaque table de chevet : produits de beauté pour les femmes, peluches pour les enfants, offerts par nos généreux partenaires.

Par la fenêtre, j'aperçois le mont Blanc, si proche, si lointain, éternellement nappé de neige, et je souris. C'est grâce à la montagne que je suis là, et la vue de ce sommet me le rappelle à chaque instant. Fascinante, puissante, exigeante, la montagne ne pardonne pas les faux pas, elle transcende et nous incite à nous élever. Nombre de légendes, mythes et symboles la figurent comme une source d'épouvante, avec ses aiguilles et ses crevasses. Certains qualifiaient le mont Blanc de mont Maudit. Erreur ! Il est un mont Magique, celui qui fait briller les yeux des enfants, celui qui insuffle aux femmes un second souffle de vie. Il est aussi le symbole fondateur de l'alpinisme, depuis sa conquête en 1786 par deux Chamoniards (Jacques Balmat et Michel-Gabriel Paccard), puis par deux Genevois (Horace Bénédict de Saussure et Marc-Théodore Bourrit).

Mais pour l'heure, le plus important à mes yeux est de découvrir les parcours des femmes qui vont arriver. Je consulte attentivement les fiches médicales et de renseignement des participantes. Âgées de 30 à 59 ans, mères au foyer, célibataires, secrétaire, orthophoniste, cadre en entreprise, sociologue, infirmière, manager ou chauffeur d'autobus… leur diversité n'est jamais un handicap, bien au contraire. Chacune contribuera à l'enrichissement des autres. La maladie, l'épreuve forment un ciment paradoxalement puissant. Il faut juste réveiller cette énergie positive qui ne demande qu'à renaître. Nombre d'entre elles mentionnent dans leur fiche le besoin de vivre des moments privilégiés avec d'autres femmes traversant une épreuve similaire. Être comprise jusqu'au tréfonds des entrailles, chose impossible pour qui n'a pas traversé ce tsunami. Elles arrivent chargées de leur passé, de leurs failles, éventuellement de leurs médicaments. Même si toutes sont à la fin de leurs traitements lourds, certaines restent sous hormonothérapie. Une médication aux effets secondaires physiques et psychologiques pénibles, qui peut durer jusqu'à dix ans. Elles viennent de différents hôpitaux parisiens et de la région Rhône-Alpes (hôpital Saint-Louis, institut Curie, institut Gustave Roussy, centre hospitalier Annecy-Genevois, centre médical spécialisé de Praz-Coutant, centre Léon-Bérard à Lyon, CHU de Grenoble, institut Daniel Hollard, Médipôle de Savoie, hôpitaux universitaires de Genève, etc.), sur prescription de leur oncologue. Nous ne pouvons malheureusement pas répondre à toutes les demandes.

Chaque semaine est une nouvelle expédition, une aventure humaine unique, une découverte. Les femmes seront installées deux par chambre. Pour celles qui auront voyagé ensemble, ce seront elles qui décideront, en fonction de leurs affinités spontanées. Le hasard choisira pour les autres qui se découvriront à peine. Comme par magie, les « binômes » se forment toujours avec une étonnante harmonie.

Cette notion de lien est primordiale. Partager une chambre favorise l'intégration, la solidarité spontanée, la convivialité.

Chaque semaine nous sommes confrontés à des chemins de vie différents. Toutes ont vécu l'annonce du cancer comme un cataclysme qui ébranle les choix personnels et professionnels. Subitement, le curseur des priorités est brouillé.

Chaque semaine le groupe redonne l'énergie vitale, celle qui contribue à trouver ce fameux second souffle. La reconnaissance de leurs souffrances, l'attention qu'elles se porteront les unes aux autres sera permanente. Chacune sera pour les autres une aide insoupçonnée. En toutes circonstances, la force d'un groupe est un allié indéfectible pour aller de l'avant. Un peu comme le compagnon d'ascension qui, par sa présence et le lien physique de la cordée, vous rassure et vous pousse en avant.

Le sport, comme la maladie, réunit des êtres qui, dans leur quotidien, n'auraient jamais eu l'occasion de se découvrir ; il crée une solidarité et un engagement mutuel absolus. Ces douze femmes inconnues, sur le point d'arriver, vont s'allier dans la même recherche de sens, parce que pour elles, c'est une question de survie.

Personne ne peut comprendre les souffrances par lesquelles elles sont passées. Tout comme personne ne peut imaginer ce que cela représente de se retrouver hors d'haleine à 8 848 mètres d'altitude. Dans les deux cas, ce sont des moments d'une solitude totale où il faut déployer toute son énergie. Pour survivre.

Je songe à ce 5 octobre 1990 où j'ai posé le pied sur le plus haut sommet du monde. Il était 16 heures 45 et cet instant a marqué le début d'un grand bouleversement. J'avais toujours rêvé d'aventure, mais je n'avais pas rêvé l'Everest et j'imaginais encore moins le vaincre ! Ma vie changea à 33 ans, après deux mois d'expédition et une ascension finale turbo. J'avais franchi d'une traite les 3 848 mètres qui séparent le camp de base, posé à 5 000 mètres, du sommet. Doublant les étapes, je ralliai le Toit du monde en trente-quatre heures. Un exploit qui s'accomplit généralement en quatre jours ! Ma performance était hors norme, et le regard des autres n'a plus été le même. Jamais. J'ai bouclé dix années d'expéditions là-haut, à 8 848 mètres, pour prendre un vertigineux virage.

Cette ascension, je l'ai menée comme j'ai toujours vécu, comme j'ai fait grandir À Chacun son Everest!. L'association s'est concrétisée avec le temps, comme si elle avait été inscrite dans mon destin, enfouie dans mon inconscient. Ce sont les multiples événements et les petits hasards de la vie qui l'ont fait aboutir.

D'aussi loin que je me souvienne, j'ai toujours été attirée par la montagne, même si je n'ai pas su mettre d'emblée de mots sur cette attraction.

J'ai grandi en Italie dans un monde d'hommes, entourée de quatre frères dont l'un est mon jumeau. J'ai trouvé ma place dans l'univers des garçons, de manière naturelle, sans chercher à m'imposer. Je jouais au foot, jamais à la poupée! Pour autant, je n'étais pas casse-cou. Faire du sport était une évidence, comme se nourrir ou respirer. J'étais sportive dans l'âme et mes capacités physiques naturelles me permettaient de toucher à n'importe quelle discipline. Il m'était inconcevable de passer une journée sans me dépenser. Marcher, courir et nager m'était aussi indispensable que de dormir!

Lorsque nous avons débarqué à Paris, j'étais une gamine de 12 ans réservée, plutôt solitaire. Mes premiers mois à l'école Sainte-Ursule, boulevard Péreire, furent difficiles. J'avais été comme arrachée à mes fondations. Je me retrouvais chez des religieuses, exclusivement entourée de filles… et en jupette! Bien sûr, je me fis remarquer par la professeure de gymnastique dès les premières semaines. En dehors des cours, je passais de longues heures à la salle de sport où j'enchaînais cheval d'arçons, barres parallèles et gymnastique au sol. J'avais un besoin viscéral de bouger. Durant toute ma scolarité, j'ai fait le bonheur de mes profs de sport ! Au baccalauréat, l'examinateur n'avait pas démarré son chrono que j'étais déjà en haut de la corde ! Bluffé, il me mit la note de 22 sur 20 !

Il faut dire que la montagne est une passion familiale. Mes plus beaux souvenirs d'enfance restent ceux des vacances dans notre propriété familiale aux Gets, en Haute-Savoie. Notre gros chalet est planté au milieu d'une prairie, avec vue sur des sommets de moyenne altitude. Aujourd'hui encore, il reste un lieu où j'aime me ressourcer et retrouver mon clan, mes nièces et mes neveux.

J'aimais m'essayer à tous les sports, j'étais plutôt douée, je ne craignais pas l'échec, j'avais l'esprit de compétition chevillé au corps et l'exigence de mon père, ingénieur, m'a toujours incitée à me surpasser : un mixte d'ingrédients qui produit le plus puissant des anabolisants naturels !

Ma première expérience en compétition sur l'eau, je l'ai vécue à 17 ans à la *Fastnet Race*, une course qui se dispute entre Cowes et Portsmouth en Angleterre. J'étais partie en stop de Chamonix pour rejoindre Nathalie Julien, une amie d'enfance férue de voile. Je n'avais aucune idée d'où se situait Portsmouth et ne savais même pas que Cowes était sur une île ! À l'approche de la nuit, je m'étais résolue à terminer mon voyage en taxi. Le chauffeur avait stoppé face au port où il n'y aurait pas de bac avant le lendemain matin… Père d'une jeune fille de mon âge, il lui était inconcevable de me laisser passer la nuit sur un quai désert. Alors, plutôt que de dormir sur un quai inconnu, j'ai accepté de dormir au domicile d'un homme tout aussi inconnu ! Ma témérité était sans borne. Et si mes anges veillaient déjà sur moi, je ne le savais pas encore.

Pour m'inscrire à la course, j'avais enjolivé mon expérience de voileuse. Avouer mes quelques sorties seulement en dériveur avec Nathalie aurait signifié mon exclusion. Certes, la pratique de la planche à voile m'avait donné le sens du vent, et la nature m'avait dotée d'un caractère fonceur, mais ces deux critères n'étaient pas pris en compte ! Les cinq années suivantes, je naviguai régulièrement en équipe avec Nathalie et trois autres amies passionnées de voile, Bernadette, Annie et Sylvie. Nous participions aux courses du *GAN-Figaro* : une semaine de compétition entre La Trinité et La Rochelle sur des voiliers de douze mètres. Nous naviguions sous les couleurs du magazine *Le Généraliste*, une revue de médecine. Son propriétaire, Édouard Bourreau, a été mon premier sponsor sportif. Entrepreneur généreux, passionné et humaniste, Édouard voulait nous aider, nous donner notre chance. Parfois il naviguait avec nous. Cela fera bientôt quarante ans… Constat étourdissant !

Les week-ends d'hiver, nous quittions Paris en auto-stop ou avec ma vieille Renault 4 L bleu ciel – lorsqu'elle le voulait bien ! – pour aller nous entraîner à La Trinité-sur-Mer ou en Manche. J'aimais virer de bord, *wincher*, empanner, enrouler, dérouler, border les voiles, hisser le génois, envoyer le spi… bref, tout ce qui me permettait de manœuvrer, donc de bouger ! Un jour, j'étais tombée à l'eau sans qu'aucune de mes coéquipières ne s'en aperçoive. Par chance, j'attrapai au vol le bras de spi et réussis à me hisser sur le pont avant que le bateau ne s'éloigne. Personne n'avait rien vu et une fois remontée à bord, sauve mais trempée, le récit de ma mésaventure nous valut un fou rire mémorable. Je n'avais pas eu le temps d'avoir peur. Mon cerveau reptilien avait sûrement pris le relais ! Dans ces moments-là, les réflexes de survie sont mis à l'épreuve.

J'aimais l'ambiance de la course à la voile, la solidarité instinctive qui naît lorsque les éléments se déchaînent. J'aimais l'immensité bleutée à perte d'horizon, même si je m'ennuyais ferme lorsque la mer était trop calme ! J'aimais le mouvement, l'action, l'adrénaline.

J'avoue avoir longuement hésité entre une carrière de professeure de culture physique et la profession de médecin. Ma mère m'a aidée à faire le bon choix et la vie a décidé de m'offrir un peu de ces deux univers. Mais c'est à la médecine que je dois tout !

Rien ne m'est arrivé pas hasard. Je suis convaincue que tout ce qui survient dans nos existences est le résultat de nos pensées, de nos intentions. Le hasard est le pseudonyme du divin qui ne dit pas son nom, la coïncidence, un événement miraculeux créé par le divin. Mais en 1979, j'étais loin de ces considérations métaphysiques !

Jeune étudiante en médecine à Paris, je n'aspirais qu'aux aventures, aux voyages, à la nature et au dépassement de soi. D'autant qu'Antoine, mon amoureux, naviguait d'île en île sur le *Bel Espoir*, un bateau affrété par le père Jaouen. J'étais tombée amoureuse de l'aventurier, celui qui me racontait les océans, celui qui m'offrait le grand large par procuration.

Moi je restais enchaînée cinq jours sur sept sur mon banc de fac et je prenais des goulées d'oxygène dans les salles de projection. J'assistais à tous les Galas de la Montagne.

La projection, salle Pleyel, d'un film de Bernard Germain, *Annapurna, premier 8 000 à skis*, changea le cours de mon existence. À la sortie de la salle, un ami étudiant en médecine, Philippe Mahiou, me proposa de le remplacer comme médecin d'expédition. Lui devait faire son internat et avait choisi de renoncer à l'aventure… Nous grimpions souvent ensemble à Fontainebleau, à la Dame Jeanne, sur les falaises de Saffres ou aux rochers du Saussois. Il connaissait ma détermination. Alors s'il me faisait cette proposition, c'est que j'en étais capable. J'acquiesçai immédiatement, sans réfléchir. Ce « oui » allait changer le cours de ma vie. J'avais accepté d'instinct, sans imaginer la réalité de l'épreuve.

Un an plus tard, je m'attaquais au Gasherbrum II et à ses 8 035 mètres qui s'élèvent au fin fond du Pakistan, avec Erich Beaud, chef de l'expédition âgé de 21 ans, et Philippe Grenier, aujourd'hui un grand guide chamoniard. Depuis Islamabad, nous avons emprunté la route mythique du Karakorum pour rejoindre l'est du massif et le nord de la vallée de Skardu dans l'ambiance chaotique et si caractéristique des routes himalayennes. L'arrière-pays du fleuve Indus se présente comme un mélange de caillasse et de sable. L'itinéraire serpentait le long d'un torrent monstrueux craché par le glacier du Baltoro, l'un des plus grands au monde avec ses 62 kilomètres. Il s'agissait de rejoindre Concordia (4 720 m), au cœur de l'une des plus spectaculaires concentrations de hautes montagnes de la Terre, avec les majestueux K2 (8 611 m), Broad Peak (8 047 m), Hidden Peak (8 068 m), Gasherbrum (8 035 m) et Chogolisa (7 665 m). C'est là que j'ai connu mon premier accroc d'alpiniste ! Mon pied s'est trouvé bloqué sous une pierre ayant sournoisement glissé. Je suis restée coincée dans la fournaise, piégée, incapable de bouger. Notre officier de liaison – sa présence est obligatoire sur une expédition au Pakistan – eut instantanément les bons réflexes. Sher Khan me libéra en s'aidant d'un bâton, comme l'aurait fait un braconnier ! Nous étions partis avec l'insouciance des débutants et, là encore, nous avons été chanceux. Nous étions probablement tombés sur le seul officier de liaison sachant grimper ! Il avait même accepté de nous accompagner sans être payé, pour peu que nous nous engagions à emmener un cuisinier pour préparer, entre autres, les fameux *chappattis* (pain traditionnel indien) et les délicieux *paratas* (crêpes). Un choix hautement judicieux, d'autant que notre cuisinier n'avait pas son pareil pour dénicher de la nourriture auprès des autres expéditions du camp de base. La générosité et l'expérience de Sher Khan, sportif émérite au large sourire engageant et au regard de braise, ont été une bénédiction pour nos estomacs ! La nourriture dans les camps est essentielle, tant pour le moral que pour l'énergie et les moments de convivialité partagés. Qu'aurions-nous fait sans notre *cook* ! Je n'ose l'imaginer…

C'est ainsi que je me suis retrouvée au sommet du Gasherbrum II, à 8 035 mètres d'altitude. Et que je suis devenue la première Française à 8 000 mètres. Le virus des expéditions m'avait définitivement envahie ! C'était le 4 août 1981. J'avais 24 ans, j'étais inconnue dans le milieu de l'alpinisme. Pour les professionnels, ce sommet atteint par une jeune novice fut un véritable choc. Je me souviens d'un titre de presse à mon propos : « L'Himalaya démystifié » ; il résumait bien l'incrédulité de tous !

Ce sommet eut sur moi l'effet d'une première révélation : je n'ouvrirai pas un cabinet de médecine, j'irai soigner à travers les continents, dans les montagnes et les terres les plus inhospitalières de la planète !

Le Gasherbrum II a ouvert la porte à d'autres propositions. Les chaînes de montagnes, les sommets se sont imposés à moi, les uns après les autres. J'osais simplement suivre mon intuition, puis le sommet m'amenait pour ainsi dire à lui. Je me disais : « Va où tu peux aller. » Je ne me posais pas la question de savoir si j'allais réussir ou pas. Un pas après l'autre. Mes armes : ma pêche et mes anges ! Longtemps je n'ai pas connu de drame, dans aucune de mes nombreuses expéditions. Et lorsque je revenais, j'étais toujours prête à repartir. J'avais une réelle capacité à oublier les moments difficiles. Je ne retenais que la joie du sommet. Alors, je repartais. Chaque fois, j'étais étonnée que ce soit si froid, si dur, si éprouvant… et puis j'oubliais de nouveau !

Frédéric Faure, qui par la suite a créé l'agence de trekking *Atalante*, m'a proposé un séjour de trois mois dans l'Himalaya pour réaliser deux sommets de plus de 7 000 mètres et la fameuse « traversée des trois cols ». Nous avons ainsi gravi deux sommets du massif du Khumbhakarna, en technique alpine : le Makalu II, qui culmine à 7 678 mètres, et le Baruntse, à 7 220 mètres, une ascension éblouissante, du camp de base jusqu'au sommet.

Nous avons ensuite rejoint la vallée de l'Everest en franchissant trois cols à haute altitude : col Sherpani (6 146 m), col West (6 143 m) et col Amphu Labsta (5 848 m). Nous sommes restés plus de cinquante-deux jours au camp de base de l'Everest, à plus de 5 000 mètres. Je me souviens de nos voisins, quatre Néo-Zélandais emmenés par Peter, le fils du célèbre Edmund Hillary, premier vainqueur de l'Everest avec Tenzing Norgay. L'un d'eux, Bill le baroudeur, s'est tué en tombant avec une plaque à vent, une zone de neige instable et friable. La veille encore, nous avions dîné ensemble sous leur tente. Je me suis soudain trouvée confrontée à la réalité de la mort en expédition. Après ce terrible coup du sort, les trois autres

Néo-Zélandais ont décidé de poursuivre. Mais à son tour Marc a chuté, disparaissant soixante-dix mètres plus bas. L'éphémère de la vie m'est apparu dans toute sa cruauté. J'étais dévastée pour eux. Comment rentrer chez soi à deux seulement ? Comment supporter d'abandonner les corps de deux compagnons sur les pentes himalayennes ?

Je connaîtrai malheureusement bien d'autres deuils en montagne. C'est le prix de cette vie trop magique, de ces monts qui attirent, aussi éblouissants que le soleil. Mais à voler trop près du soleil, on prend le risque de se brûler les ailes. Chaque fois je suis touchée, même si je sais que ce risque, nous choisissons de le prendre. Ce n'est pas le cas des enfants et des femmes qui meurent d'un cancer. Eux n'ont pas choisi.

Les dix années suivant l'ascension de mon premier 8000 en 1981, à chaque retour d'expédition, une nouvelle aventure m'était proposée. Antoine, devenu mon mari, acceptait. Toujours. Je pense qu'il vivait mes expéditions par procuration. Il était fier de mes exploits.

À cette époque, nous faisions de nombreux raids à skis avec son frère Yves, Pipo et Alain. Que des hommes ! Et même si j'assurais rarement la trace ou l'itinéraire, je tenais le rythme. Nos sacs étaient lourds (plus de 20 kg), chaque ration était pesée, mesurée. J'adorais ces voyages en autonomie, sportifs, engagés, dans de beaux massifs montagneux. Chaque année, nous partions pour un raid en autonomie totale. Nous avions pour guide *Les Grands Raids à ski*, un livre de Michel Parmentier. Nous en tournions les pages au fil des sommets que nous gravissions. Lui aussi a été englouti par sa passion de la montagne, disparu sur les pentes de l'Everest en 1988, l'année de mon premier 8 000 mètres.

Certaines séquences de ces périples à skis restent très nettes dans ma mémoire, et l'émotion toujours aussi intense : le raid des Écrins, celui des Picos de Europa en Espagne, la haute route Corse avec ses pentes gelées en face sud, ses cols parfois difficiles à trouver le long de crêtes interminables. Je me souviens de l'Oberland bernois et de la haute route du Soleil Nice-Briançon. En Islande, parmi les sources chaudes et les fumerolles, les pentes verglacées et les rivières tumultueuses, là où la boussole ne donne jamais le nord, la traversée du Vatnajökull était particulièrement engagée. Celle du plus haut sommet de Norvège, le Galdhøpiggen, dans le parc national de Jotunheimen, à 2 469 mètres, nous obligea à franchir de grands lacs gelés. Dans la traversée du djebel Ighil M'Goun, haut de près de 4 000 mètres dans le haut Atlas marocain, il a fallu porter longtemps nos skis. Je me souviens de moments insolites au fond d'une vallée aux teintes minérales, rouge, vert et ocre, lorsqu'un Berbère surgi de nulle part nous a invités à partager sa galette… C'est avec mon ami Pierre d'Alboy, un autre grand guide, que j'ai fait la grande classique Chamonix-Zermatt. Lui avait du temps, moi j'étais libre… alors il m'a emmenée ! C'est avec lui que j'ai fait mes plus belles courses d'alpinisme : la face nord de la dent Blanche, la Gervasutti, la goulotte Gabarrou-Albinoni au mont Blanc, etc. Au total, j'ai gravi quinze fois le mont Blanc : par les voies normales, les trois monts, par la voie Royale, par le Goûter ou l'arête des Bosses, par les Grands Mulets, par l'arête Kuffner et, côté italien, par la Brenva.

Mais les raids à skis restent mes sorties en montagne préférées. Je revois les images des alpes norvégiennes, où, au départ de Tromsø au nord du cercle polaire arctique, nous slalomions dans une poudreuse fantastique, jusqu'au beau voilier qui nous servait de camp de base. Il y a eu aussi un raid incroyable sur les volcans du Kamtchatka, cette péninsule de l'Extrême-Orient russe qui s'avance dans l'océan Pacifique, et encore notre descente express dans les pentes des Carpates en Roumanie.

Une expédition de cette décennie m'a marquée tout particulièrement. C'était en 1987, Alain Cokkinos, grand marathonien, voulait gravir un sommet de plus de 8 000 mètres. Il organisa, avec Heniu Dyduch (qui créa l'Atelier de la glisse, une belle entreprise de parapente), une expédition au Hidden Peak. Ce serait mon deuxième 8000 au Pakistan. Tout un symbole pour moi. Une fois que je nous ai sentis acclimatés au pied de la montagne, c'est moi qui ai convaincu Antoine et Reinmar qu'il fallait y aller : « C'est le moment, on est prêts ! » Ce timing a été le bon. Alain, Pipo et Heniu, partis, eux, le lendemain, n'ont pas atteint le sommet.

Après la réussite surprise au Gasherbrum II, revenir au Pakistan quatre années plus tard fournissait la preuve que j'étais bien allée là-haut, que j'étais capable ! J'étais persuadée que mon premier 8 000 mètres avait été le fruit du hasard, mais le Hidden Peak m'a prouvé le contraire.

Quant à l'association, l'idée s'est imposée avec le temps. En 1992, après l'Everest, j'ai envisagé de me lancer dans l'ascension des *Seven Summits*, le plus haut sommet de chaque continent. J'ai toujours été curieuse des territoires lointains et j'aimais aller à la rencontre des peuples que je ne connaissais pas. Ce voyage merveilleux qui pouvait allier les deux avait tout pour me plaire.

J'étais encore dans cet entre-deux d'après l'exploit, lorsque j'ai croisé la route d'Hélène Voisin, directrice de l'école au sein de l'hôpital Trousseau à Paris. D'emblée, elle m'a parlé des enfants hospitalisés. Elle m'a proposé d'aller à leur rencontre pour leur raconter mes expéditions, les faire rêver d'aventure. Une jolie façon de les aider à s'évader par l'esprit de leur « chambre-prison ».

Cette rencontre avec Hélène a amorcé un grand tournant de ma vie. Et c'est le tour du monde par les sommets qui achèvera de me faire comprendre que d'autres horizons m'étaient destinés. Je devais quitter la très haute altitude pour mêler mes deux passions, la médecine et la montagne. Je le découvrirai, pas après pas.

Mais avant ça, je devais accomplir un autre voyage initiatique, celui des *Seven Summits* ! Je devais m'attaquer successivement au mont Vinson, en Antarctique, au Denali (anciennement appelé mont McKinley), en Alaska, à l'Elbrouz dans le Caucase, puis au Kilimandjaro et, dans la foulée, au mont Carstensz, en Indonésie, avant de fêter Noël sur l'Aconcagua, en Argentine. Un pari un peu fou qui nécessita un an de préparatifs. Dans quel but ? Parce que c'était mon chemin. Tout simplement. Il me fallait trouver deux millions de francs pour financer ces expéditions. Nous étions en 1992, c'était un sacré budget mais j'ai rencontré des partenaires formidables. Aujourd'hui, dès que je le peux, j'aide à mon tour ceux qui montent des projets. Parce que ma gratitude est immense, envers mes anges, envers la montagne et envers ceux qui m'ont aidée à faire de mes rêves une réalité.

J'ai parrainé nombre de projets. Celui d'étudiants qui voulaient traverser les États-Unis à vélo. Celui de Maud Marin La Meslée et Sibylle d'Orgeval, « La planète femme à bicyclette », qui a vu les deux jeunes femmes pédaler une année durant

5 octobre 1990. Les derniers pas sur l'arête sommitale de l'Everest. À 8 800 mètres, la concentration est maximale. *Photo Pascal Tournaire.*

L'Everest, dans la féerie du coucher de soleil, comme une invitation à le rejoindre…

Progresser cinq pas par cinq pas… Souffler, reprendre son souffle et s'élancer, encore et encore.

Derrière Pascal Tournaire, équipée comme un cosmonaute, j'avance vers le Toit du monde.
Photos Pascal Tournaire.

L'arête sommitale se dessine enfin. Il est presque 17 heures. Le soleil plonge plus qu'il ne tombe. On aperçoit le ressaut Hillary, et, au loin, le sommet.

Enfin la sortie du fameux ressaut Hillary, à 8 800 mètres, dernier passage technique avant le sommet de l'Everest.
Photos Pascal Tournaire.

Avec Benoît, mon frère jumeau. En jupette, j'étais encore bien sage !

Sur la plage, à Douarnenez où vivait ma grand-mère.

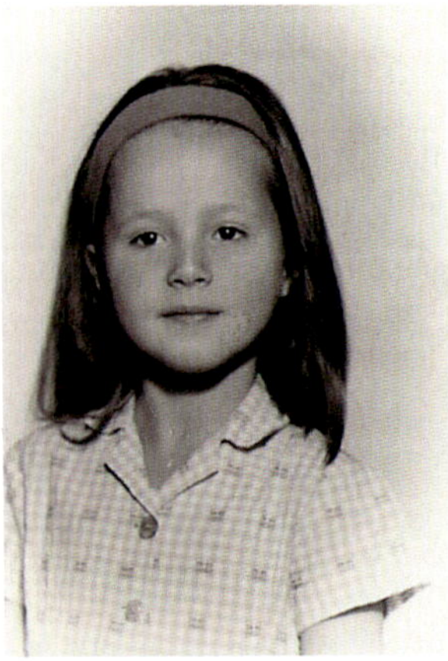

Cette petite fille modèle, c'est bien moi à cinq ans. Personne ne m'aurait imaginée alors sur le Toit du monde !

Aux Gets où nous nous retrouvions dans le chalet familial. Le ski est une passion depuis l'enfance. À 16 ans j'avais encore les cheveux longs !

Au sommet du mont Vinson, le point culminant de l'Antarctique, à 5 140 mètres d'altitude et par - 29 °C. Nous sommes en janvier et cette année 1992 va être celle des *Seven Summits*, un challenge consistant à gravir le plus haut sommet de chaque continent.

La descente à skis, à 2 heures du matin, est un régal. Le panorama polaire est à couper le souffle. À perte de vue, une immensité de blancheur et de pureté ponctuée par des sommets. Quelle sensation de liberté ! *Photos Pascal Tournaire.*

En mai 1992, le point culminant du continent nord-américain, le Denali, 6 190 mètres, nous réserve dix jours de tempête avant de nous permettre d'atteindre son sommet, le quatrième de mon challenge.

Dans le soleil levant d'août, nous gravissons les pentes du Kilimandjaro, pour moi le cinquième des *Seven Summits* dont j'ai commencé la « collection » à l'Everest en 1990.

Nous atteignons le bord du cratère, le sommet n'est plus très loin, le pied du Kilimandjaro baigne dans une mer de nuages. Au loin, le mont Meru. *Photos Pascal Tournaire.*

Mars 1997, nous voilà partis, Serguei Ogorodnikov et moi, pour soixante-deux jours extrêmes, sous le pâle soleil polaire qui nous guidera vers un nord improbable, dans un froid abyssal et des vents violents.

Mille kilomètres à tracter ma pulka dans un chaos de glace, à chercher ma route entre les crêtes de compression. Enfer ou paradis blanc ? Les deux en vérité. Vertigineuse solitude du grand Nord que seule l'apparition d'un ours blanc brise parfois !
Photos Alain Denize.

Le 4 mai 1997, nous atteignons enfin le pôle Nord, galvanisés par l'idée de retrouver les enfants venus nous soutenir. Notre réussite célèbre aussi leur victoire sur la maladie. *Photo Alain Denize.*

pour aller à la rencontre de leurs congénères sur les cinq continents. Elles ont même pédalé en Iran ! Par la suite Sibylle a collaboré au projet de Yann Arthus-Bertrand qui a donné naissance au film *Human*, diptyque de récits et d'images de notre monde, véritable ode à l'humanité. J'ai aussi apporté mon aide à Myriam, une jeune femme qui rêvait de travailler aux thermes de Saint-Gervais suite à son séjour chez À Chacun son Everest !. Un coup de fil à Thierry, le directeur, a suffi à l'enthousiasmer, lui qui avait développé un programme après-cancer. Alexandra, que j'ai également soutenue, a créé Mamasté, le premier festival de yoga pour femmes enceintes ; Laurence Ligier a pu mettre en route sa belle association pour aider les jeunes Philippines maltraitées et victimes d'abus sexuels. Laurence a monté Caméléon à l'âge de 18 ans. Je l'ai mise en contact avec Cocktail Scandinave et Brother, deux de mes partenaires qui l'ont suivie sans hésiter. Par deux fois, je me suis rendue aux Philippines pour l'encourager. Quel bonheur de voir ces jeunes filles se sociabiliser, se remettre d'aplomb ! Là aussi le sport a toute sa place. Par mes contacts, nous avions obtenu le matériel pour équiper leur salle d'escalade. Tristan, un des jeunes guides chamoniards avec lesquels nous collaborons, est parti là-bas. « C'est incroyable comme elles sont sportives et enthousiastes ! » Bluffé par les capacités des Philippines, il s'est engagé à fond pour elles. J'ai aussi parrainé les projets des équipages de Dragons Ladies, de l'association Drôles de rames, et les Phoenix Ladies, autant de femmes qui rament pour combattre ensemble le cancer du sein.

J'aime contribuer à tisser des liens entre des personnes aux valeurs communes et aux compétences complémentaires. Il faut savoir rendre ce que la vie nous apporte. À l'instar de ces dizaines de femmes passées par la maison Vallot et qui, à leur tour, représentent l'association dans toutes nos manifestations. Elles sont de formidables ambassadrices, heureuses de rendre ce qu'elles ont reçu, des femmes pleinement engagées dans la vie et dans l'action. C'est le cercle vertueux, le sens aussi, de l'existence. Les rencontres sont les clés qui ouvrent les portes à nos rêves, à nos chemins de vie.

Une fois le financement de mon tour du monde bouclé, il m'a fallu constituer l'équipe. J'ai gardé mes compagnons de l'Everest : Pascal Tournaire, bien sûr, pour les photos, Bernard Germain pour les images et, en fonction des sommets, un ou deux guides, Bruno et Jean-Pierre. Pour autant, même si l'équipe était réduite, la gestion des contraintes qu'imposent la préparation et le suivi de telles expéditions asphyxiait peu à peu ma passion. L'aventurière que j'étais y perdait son enthousiasme.

Nous avons démarré notre tour du monde par l'Antarctique en janvier 1992. Un continent de 14 millions de kilomètres carrés, littéralement éblouissant ; un paysage de glace à perte de vue, d'une blancheur étourdissante, aux reflets bleutés. Le plus vaste désert au monde, froid, sec, venteux. Partis de Punta Arenas au Chili à bord d'un avion-cargo, nous avons atterri sur la glace à Patriot Hills – sans encombre, prouesse quotidienne des pilotes de l'extrême –, pour rallier les sommets de l'Antarctique, sept cents kilomètres plus loin. Quelle sensation grisante, lorsque je posai les pieds sur ce continent englacé, d'imaginer qu'à l'échelle du globe, nous avions la tête en bas ! Nous avons pu embarquer à bord d'un Twin Otter pour un vol d'une heure offrant des vues exceptionnelles sur l'ensemble de la chaîne de montagnes Ellsworth. L'avion nous a largués au pied du mont Vinson qui culmine à 4 892 mètres. Plus haut sommet du continent antarctique, il est situé à seulement mille deux cents kilomètres du pôle Sud, dans le massif Sentinelles de la chaîne Ellsworth. Quelle montée d'adrénaline à la vue du petit coucou qui s'éloignait, nous abandonnant sur la glace avec nos pulkas ! L'avion reviendrait dans sept jours ; il nous faudrait être là… Et cet incroyable jour polaire qui s'étend sur des mois, ce soleil de minuit que je revivrai au pôle Nord, des années plus tard. La météo était calme, l'ascension s'est faite sans problème pour atteindre le toit de ce continent sept fois plus grand que la France. Et la descente ! Enivrante elle aussi. Comment ne pas éprouver un sentiment de liberté euphorisant lorsqu'à 2 heures du matin et dans la clarté du jour, on enchaîne des courbes dans la plus vierge des neiges. Nos petites luges glissaient sagement à notre suite. Quel régal ! Une neige comme on en rêve : froide et poudreuse. Puisque nous avions atteint rapidement le sommet du Vinson, nous avons décidé de gravir aussi quelques montagnes environnantes à skis de randonnée. C'est un privilège immense de fouler ainsi des espaces vierges, de redescendre par des pentes sublimes. Des instants bénis de communion avec une nature sauvage, à l'état pur.

En mai 1992, nous avons enchaîné avec le Denali (ou mont McKinley), le plus haut sommet d'Amérique du Nord. Situé au centre de l'Alaska, il culmine à 6 190 mètres. Son climat extrême et sa situation géographique arctique en font une des montagnes les plus difficiles à escalader au monde. Sensation de plonger dans un western pour le rejoindre. Depuis Talkeetna au nord d'Anchorage, c'est encore un Twin Otter qui nous permit d'atteindre le glacier de Kahina à 2 200 mètres d'altitude, d'où nous sommes partis à skis de randonnée pour rallier le camp de base. Lorsque nous sommes arrivés au camp posé à 4000 mètres, la météo a viré au cauchemar. Les vents étaient d'une violence rare et la tempête a duré dix jours. Les conditions étaient si exécrables qu'il nous fallait rallier le coin toilettes avec une infinie vigilance pour être certains de retrouver le chemin vers les tentes ! Au fil des jours, nous avons pris la mesure de la véritable hécatombe de grimpeurs piégés dans la tempête. Certaines expéditions, engagées dans des voies de la face sud du Denali, n'ont pu en réchapper. Mes cinq compagnons d'aventure et moi nous étions simplement bloqués au camp de base, à partager nos rations avec d'autres naufragés dont les vivres étaient épuisés. Les garçons ont perdu huit kilos, moi deux. Dans ces épisodes d'attente et de stress, j'ai besoin de bouger : je déneige, je fais chauffer de l'eau, je me lave les cheveux, je visite les voisins, je surveille les tentes et note ceux qui renoncent, ceux qui attendent… Un matin, un guide a fait un arrêt cardiaque. La tension de l'équipe était à son comble. Ces ambiances sont celles de l'extrême, les risques sont partout. Cette triste nouvelle nous a décidés : dès la première éclaircie, nous filerions vers le sommet. Nous nous sommes mis en route les premiers, parfaitement acclimatés par nos longues journées d'attente. Le vent était si violent que je demandai à l'un de mes compagnons de m'encorder. Je craignais de m'envoler ! Cette ascension coûtera une oreille gelée à Antoine. Douleur lancinante pour qui la connaît. Ceux qui sont arrivés au sommet les jours suivants nous raconterons l'avoir gravi en quatre jours, sans le moindre problème. C'est la dure loi de la montagne. Lorsqu'elle se déchaîne, on prend la mesure de notre fragilité et de sa toute-puissance. Il faut savoir la respecter, rester humble. C'est elle qui décide de nous laisser venir à elle. Un peu comme un félin qui choisit le moment où il accepte de se laisser approcher ; ou pas.

Puis en juillet nous avons mis le cap sur le nord du Caucase, à l'ouest de l'Oural, partie européenne de la Russie, pour escalader l'Elbrouz, le plus haut sommet d'Europe qui culmine à 5 642 mètres. Ce voyage m'a troublée. Tant de tristesse dans les regards, tant de pauvreté. Les boutiques du premier pays à avoir envoyé des hommes sur la Lune étaient vides. Une nation à la pointe de la technologie aérospatiale, capable de financer des fusées alors que son peuple était affamé, une aberration !

Pour notre quatrième périple, nous sommes partis en Afrique, au nord-est de la Tanzanie, gravir le Kilimandjaro. Notre objectif : poser les pieds sur le pic Uhuru (« liberté » en swahili), point culminant du continent, à 5 891 mètres d'altitude. Je m'y étais déjà rendue. Cette fois j'avais décidé une ascension par la voie Machame, la plus exotique, la plus spectaculaire.

Nous avons continué notre périple en octobre avec le Puncak Jaya (ou pyramide Carstensz), une montagne située sur l'île de Papouasie-Nouvelle-Guinée, dans la province de Papouasie, en Irian Jaya. Ses 5 030 mètres d'altitude en font le point culminant de l'Indonésie et de l'Océanie. Ces massifs sont parmi les rares à présenter des glaciers sous des latitudes équatoriales. Le sommet est situé à proximité de la mine Grasberg, l'un des plus grands gisements à ciel ouvert au monde d'or et de cuivre. Une fois encore, l'avion nous avait lâchés en pleine brousse. Un vrai choc des civilisations nous attendait : l'accueil si chaleureux et si « exotique » des Papous, quasi nus, parés de plumes, portant encore le *koteka* (l'étui pénien). Je les regardais médusée, corps de statues d'ébène, traits grossiers, nez épatés. Tous ont la cloison nasale percée de part en part, ornée d'une plume ou d'autres accessoires plus fantasques. Une femme déposa un bambin nu et dodu sur mes épaules. Il fit pipi dans mon cou ! J'adore ces endroits hors du temps. Je m'y sens à ma place. Ces gens sont purs, ne vivant que de leurs récoltes et partageant leurs repas, accroupis devant leurs maisons de terre. Je me souviens de leur cocotte-minute naturelle si ingénieuse : des pierres chauffées dans le feu, recouvertes de feuilles de bananier, sur lesquelles les femmes posaient le chou et les patates douces avant de les recouvrir d'autres pierres chauffées à blanc. Je me souviens de nos longues journées de marche dans d'épaisses écharpes de brume, à travers les marécages, sous des pluies torrentielles, en tongs. Je me retrouvais au pied des montagnes, seule femme parmi des hommes presque nus poussant des cris pour éloigner les prédateurs… Nous installions nos tentes ; eux construisaient leur abri en coupant des branches. Ils nous regardaient éberlués, sans jalousie, sans envie, une lueur amusée illuminait leurs regards sombres. Que peuvent-ils bien faire avec tant de matériel ? devaient-ils se demander. L'appareil photo les intriguait particulièrement. Ils riaient beaucoup. La plupart de nos trente porteurs papous portaient le *koteka*, certains le *short*. Arrivé au camp de base, Alus, un jeune Papou de vingt-sept ans, pleura sans pudeur, ni retenue : il ne voulait pas repartir, il était amoureux de la petite alpiniste française. Il est vrai qu'avec mon mètre cinquante-sept, j'ai la taille papoue !

Un temps, j'ai imaginé rester avec eux, pour les soigner, les aider comme je le pouvais. Nombre d'entre eux avaient le ventre gonflé par la malnutrition, souffraient de problèmes pulmonaires dus aux habitations enfumées (les Papous y dormaient à l'étage, dans une épaisse fumée pour se réchauffer). Avec Bernard, une fois notre sommet atteint, ce Carstensz, par une belle voie d'escalade, nous avons décidé de rejoindre à pied Illaga, la première ville à cent cinquante kilomètres à la ronde. Nous sommes partis avec dix Papous, dont quelques enfants. Je ne savais rien dire d'autre que « *naok, naok* » (« vas-y ! »), mais les gestes et les regards nous suffisaient. Le contact était possible. À notre arrivée en ville, ce fut comme dans le film *Les dieux sont tombés sur la tête* : nos amis papous avaient peur de la modernité, des bulldozers qui creusaient les routes, des vastes maisons, des bruits de moteurs. Au début, ils se cachaient, puis ils ont pris un peu confiance. Malheureusement, certains se sont fait détrousser par les Papous dits « civilisés ». Je suis revenue bouleversée de cette aventure où j'ai croisé ces hommes dont l'unique richesse réside dans des terres que la civilisation pollue… Certains sont embauchés dans les mines des environs. Ils en reviennent alcooliques, pervertis. Quelle tristesse, que de dégâts infligés par l'homme à ses semblables, pour du cuivre, de l'argent, de l'or ou des diamants ! Et pour qui ? pour quoi ? Ces hommes, cette communauté solidaire dans la prière et le partage, sont parqués à vie.

Enfin, ce fut le dernier sommet, l'Aconcagua, le plus haut de l'Amérique du Sud. Là-bas c'était l'été ; nous y fêterions le réveillon, autour d'un feu d'artifice et d'un de ces barbecues dont les Argentins ont le secret. Après un détour pour nous acclimater, nous avions rejoint, au pied de la face sud, la voie mythique ouverte en 1954 par Robert Paragot et son équipe au prix de grandes souffrances physiques. Il fallait prendre son temps, s'adapter en douceur. La route était facile jusqu'au grand refuge, cernée d'impressionnants pénitents, des amas de neige durcie pouvant atteindre plus de cinq mètres et transformés en lames de glace par le vent et le soleil. Le confort incongru de la grande bâtisse de pierre, de bois et d'ardoise de Plaza de Mulas ne devait pas nous faire oublier que beaucoup d'alpinistes candidats au sommet n'en étaient pas revenus… Comme chaque fois, nous avions installé les différents camps avant l'assaut ultime. La veille du sommet, j'ai senti qu'il ne fallait pas traîner, même si je ne savais pas encore que je souffrais d'une phlébite. J'ai foncé. Les pentes étaient d'immenses pierriers à perte de vue, le vent constant, la marche sur les roches et les cailloux d'une grande pénibilité. Comme habitude, j'ai suivi mon intuition.

Cette montagne aride est le théâtre de nombreux accidents, une montagne qui par sa position se révèle plus haute que sur l'altimètre, plus dure à franchir aussi. Les voies y sont belles, engagées. Dans ce challenge des *Seven Summits*, j'avoue avoir privilégié les voies normales, par facilité, par envie de tout réussir, par humilité aussi. Réaliser tous ces sommets en équipe nécessite parfois de s'interdire le plus dur. Je suis heureuse de les avoir enchaînés… et tous réussis du premier coup. Encore ma belle étoile !

Ce long périple à travers les continents m'a appris que je ne voulais plus faire de haute altitude. Ce tour du monde a signé la fin d'une route et indiqué la voie vers une nouvelle aventure : celle que j'allais consacrer aux enfants.

À chaque retour d'expédition, je venais leur raconter ma dernière aventure. Avant chaque départ, je leur annonçais mon nouveau challenge. Nos rendez-vous ont eu l'effet d'un électrochoc émotionnel. Leurs regards émerveillés, le flot de leurs questions, leur enthousiasme ont éveillé en moi l'envie de partager davantage que des photos et des mots. Ces enfants étaient prisonniers de leur chambre d'hôpital et je voulais leur faire ressentir le plaisir de l'effort, respirer l'odeur de la montagne. Je ne savais pas que nos échanges allaient, une fois de plus, changer ma vie. J'entends encore la voix fiévreuse de ce petit Michael de 7 ans aux grands yeux verts : « Tu peux m'emmener là-bas un jour ? » Si tu savais comme elle m'a portée, ta jolie voix…

C'est au contact des enfants qu'est née l'idée d'un parallèle symbolique entre les difficultés pour conquérir un sommet et celles vécues pour vaincre la maladie. Le diagnostic, c'est comme l'avalanche ; l'itinéraire, c'est comme la voie vers la guérison ; la chambre stérile, c'est comme la tente de bivouac en altitude… Les enfants m'ont prise par la main et guidée sur une nouvelle voie, celle de leur Everest personnel.

La boucle a été bouclée par la rencontre avec le professeur André Baruchel, chef du service de pédiatrie hématologique à l'hôpital Saint-Louis à Paris (aujourd'hui chef du service d'hémato-immunologie de l'hôpital Robert-Debré de Paris). Ensemble, dès 1994, nous avons mis en place les premiers stages en montagne. Sa caution, sa confiance absolue, sa conviction de l'importance de l'accompagnement après-cancer m'ont donné la force de gravir cette nouvelle montagne. Des liens d'amitié forts nous ont bientôt rapprochés. André a rapidement mesuré l'intérêt de ces séjours pour les enfants et compris ma rigueur. Son soutien a été un élément essentiel pour me conférer la crédibilité nécessaire auprès des hôpitaux et des familles. Aujourd'hui encore, il valide les fiches médicales des enfants, afin d'éviter de mauvaises prescriptions et de leur assurer une sécurité maximale. Il est de ces rencontres de vie, rares et irremplaçables, qui sont des cadeaux du ciel. André est un grand homme ! Il est mon ami.

Il m'a accompagnée dans la formalisation du message pour expliquer le lien ascension/maladie, puis dans la réalisation de notre livret de présentation. Il m'a aidée à trouver les mots justes pour décrire ce parallèle et raconter aux enfants le cheminement commun qui nous unit :

L'Everest, c'était mon obsession, mon idée fixe.
Lorsque je l'ai enfin atteint,
J'ai été soulagée et pour ainsi dire guérie.
Ton Everest, c'est ta maladie,
Et je sais que l'ascension est difficile.
C'est loin, c'est haut.
Il y a des jours de soleil et tu vas bien,
Il y a eu des tempêtes et du brouillard, et j'ai eu froid.
Et puis un jour, le sommet est là, devant nous…

Les enfants ont été mon guide. Je pense qu'ils m'ont sauvée de l'addiction aux sommets. Si j'avais continué cette marche, un beau jour, je ne serais pas redescendue. Des milliers d'alpinistes se sont risqués dans cette quête et des centaines y ont perdu la vie. La montagne m'a volé tant d'amis, et pourtant, il m'est impossible de vivre loin d'elle…

Éric Escoffier, disparu à 37 ans au Pakistan. Jean-Marc Boivin, décédé à 39 ans au Venezuela, au Salto Ángel, lors d'un saut en *base jump*. Il a été le premier à descendre l'Everest en parapente, un géant de la montagne qui réussissait tous ses projets. Chantal Mauduit, si belle, si rayonnante, morte au Népal à 34 ans. Elle a disparu en mai 1998 avec Ang Tsering, son ami sherpa, tous deux ensevelis par une avalanche sur les pentes du Dhaulagiri. Elle avait réalisé six 8000 : le K2, le Cho Oyu, le Shishapangma, le Lhotse, le Manaslu et le Gasherbrum II. Des Alpes à l'Himalaya, Chantal a mené une vie intense, hypnotique, comme l'air des hautes altitudes. Elle lisait Rimbaud et parlait le népalais, riait toujours d'être là où ses pas de nomade joyeusement perchée la menaient. Jean-Christophe Lafaille a disparu à 41 ans sur les pentes du Makalu au Népal. Il comptait à son palmarès onze 8000 gravis sans oxygène et la plupart en solo. Benoît Chamoux a disparu à 34 ans pendant l'ascension du Kangchenjunga (en compagnie de Pierre Royer et de leur sherpa Riku, disparus eux aussi), et à la veille de réussir son challenge des quatorze sommets dépassant les 8 000 mètres. Patrick Berhault est mort à 47 ans sur l'arête du Täschhorn au Dom des Mischabel, en Suisse. Et tant d'autres… Tous étaient des professionnels, de grands grimpeurs, que leur passion a engloutis.

Moi, j'ai eu de la chance, la montagne a chamboulé ma vie mais elle m'a épargnée. L'Everest a braqué les projecteurs sur moi, malgré moi. Jusqu'au 5 octobre 1990, j'étais une jeune médecin férue de montagne, de sport et d'aventure, haute comme trois pommes, et bourrée d'énergie. Du jour au lendemain, aux yeux des autres, je suis devenue une femme hors du commun. On me disait : « Vous m'impressionnez !… Et la première Française !… » Aujourd'hui encore, à chaque nouvelle rencontre, je lis dans le regard de l'interlocuteur qui découvre mes exploits, qu'à ses yeux, je suis pour l'essentiel une alpiniste, une héroïne voire une extra-terrestre !

Récemment, lors d'un cocktail parisien, un homme a photographié ma main. Je le regardais, un peu interloquée. Il allait la partager sur les réseaux sociaux ! #everest #christinejanin, *la main de la 1re Française qui a touché le sommet de l'Everest !*

Pourtant, je n'étais pas montée là-haut pour me faire remarquer, ni par passion des paysages. J'y suis montée parce que tel était mon chemin. Sûrement, sans le savoir, à la recherche de moi-même, pour exister.

Depuis, on me voit comme une guerrière ; un décalage pas toujours simple à vivre. Alors je grimpe à ma façon, jour après jour, pour donner un sens à mon existence, chercher ma voie, cheminer vers le meilleur de moi-même.

Parfois je voudrais juste dire que je suis Christine, celle d'avant l'Everest, avec mes fragilités, mes plaies, mes doutes, mes colères aussi. L'Everest n'a été que le camp de base d'un moment de ma vie qu'il m'a fallu dix ans pour atteindre, dix années où je l'ai risquée, cette vie – sans autre souci que celui d'avancer –, dans l'état méditatif des grands marcheurs, juste pour poser le pied sur les plus hauts sommets du monde.

Le tour du monde par les sommets m'a permis d'enclencher l'étape de la descente. Il a, en quelque sorte, servi de palier. Les sommets étaient moins hauts, les rencontres plus nombreuses, la solitude moins tenace. Je prenais conscience que je n'avais pas besoin de risquer ma vie pour exister. Trouver les sponsors, gérer l'équipe, les images, me pesait. Il fallait rendre des comptes et j'y perdais mon enthousiasme. Dans le même temps, mon couple volait en éclat. Mon mari espérait que j'allais enfin rester à la maison. Ce tour du monde, il l'avait accepté à contrecœur. Il pensait qu'après l'Everest, je rejoindrais son désir de fonder un foyer. Nous avions vécu dix-sept ans ensemble; toutes ces années il m'avait encouragée, aidée, il avait préparé mon équipement pour me permettre de partir. J'avais rencontré Antoine sur le *Bel Espoir*, le bateau du père Jaouen, ce prêtre breton au caractère bien trempé. Un marin à la voix de stentor qui a consacré sa vie à donner un cap à des milliers de jeunes et de moins jeunes en rupture avec la société. Il leur proposait de traverser l'Atlantique pour découvrir les métiers de la mer à bord de son voilier et les aider à se réinsérer dans la vie. L'aventurier que je voulais voir en mon mari avait désormais besoin de normalité. Je le comprenais, mais j'étais incapable de le suivre. Je rêvais de liberté et ne pouvais plus concilier l'inconciliable.

Pendant mon tour du monde, je me souviens de longues discussions avec Bernard Germain. Un homme à la capacité d'écoute, d'analyse et de réflexion hors norme. Un ami qui ne juge pas, profondément humain. Bernard, guide de haute montagne, écrivain et cinéaste, compte parmi les personnes douées de talents multiples qui m'ont permis de réfléchir sur le sens de ma vie. C'est lui qui a réalisé le film de mon ascension à l'Everest. Je l'avais entraîné tout naturellement, comme Pascal Tournaire, dans l'aventure des *Seven Summits*.

J'entends les pneus des voitures crisser sur les gravillons du chemin qui mène à la maison Vallot. Le projet de notre petit paradis, inauguré en 2001, accompagnait déjà mes pas lors de l'expédition « Objectif pôle Nord » en 1997.

À nouveau, je serai la première femme, au monde cette fois-ci, à battre un record, à atteindre le pôle Nord sans moyens mécaniques ni chiens de traîneaux. Soixante-deux jours de marche, de combats, de doutes, à mettre un ski devant l'autre, à tirer et à pousser ma pulka chargée de soixante-dix kilos de paquetage, à travers un enfer blanc et lunaire. J'avoue avoir été traversée à plusieurs reprises par l'envie de tout abandonner, de m'allonger sur la banquise et de me laisser mourir pour ne plus souffrir. Parfois je suppliais le ciel de m'envoyer un ours : qu'il vienne me dévorer ! Plutôt crever qu'abandonner ! Mais aucun ours n'était assez affamé, ou peut-être me trouvaient-ils trop maigrichonne ! Et cette fois-là, je savais vers quoi je marchais, ou plutôt vers qui. Je marchais vers neuf adolescents qui avaient quitté l'hôpital pour venir m'accueillir sur la banquise. Ce rendez-vous-là, impossible de le manquer ! Ces enfants m'ont donné la force d'aller jusqu'au bout. Ils suivaient ma progression, et chaque fois que je doutais, leurs visages me ramenaient à l'impossibilité de renoncer. Inenvisageable de les décevoir ! La conquête du pôle Nord a été mon premier acte de foi conscient pour eux.

Tout ce que j'ai mis en place avec À Chacun son Everest !, je l'ai fait pour avancer dans la descente de mon Everest, au propre comme au figuré. Ce n'est pas une simple expression, ni une figure de style : j'ai dû apprendre, comprendre, éprouver et trouver les outils pour avancer. Et ces outils, je veux désormais les partager avec d'autres qui abordent cette fameuse descente, avec ceux qui doivent quitter ce but que constitue la victoire sur l'épreuve, la maladie ou l'exploit sportif. L'association n'est pas qu'une histoire de femmes et d'enfants atteints de cancer. Mon rêve, je suis allée le chercher au bout de moi-même, sur les plus hauts sommets du monde et jusqu'au pôle Nord. Et si j'étais naturellement curieuse d'expériences, bousculée par mon énergie vitale, il m'a fallu trouver le chemin pour redescendre, chercher un second souffle, moi aussi.

Je ne suis plus la même que celle qui a fait l'Everest, mais sans ce Toit du monde, je ne serais pas celle que je suis. Voilà l'essence du message que je veux faire passer aux douze femmes qui arrivent à Chamonix et dont les vies ont été bouleversées depuis le diagnostic de la maladie.

Chapitre 2

De la solitude au lien

Premiers éclats de voix dans le vaste jardin. Elles arrivent et me tirent de mes pensées. La vie va exploser dans l'imposante demeure silencieuse aux volets couleur sapin. Chaque arrivée me procure la même émotion intacte. Je suis impatiente. J'ai hâte de les découvrir, d'échanger, de les écouter, de leur parler, de les accompagner à la découverte d'un second souffle de vie. L'Everest m'a montré qu'il y avait plus grandiose, plus permanent et vertigineux que les montagnes et leurs sommets qui flirtent avec le ciel : ce partage-là. Et surtout, leur combat.

Je les accueille, accompagnée de Sylvie, infirmière et fidèle collaboratrice à plein temps à la maison Vallot, et de deux bénévoles (Laure, médecin gynécologue, et Amandine, professeure de yoga). Chaque semaine, deux bénévoles accompagnent le groupe. Célestine et Ernest, les deux chats de la maison, sont sur mes talons. La neige est tombée abondamment ce matin ; nos douze invitées avancent à pas prudents sur la terrasse toute blanche. Je m'applique à prendre le temps. Béatrice, Anna, Juliette, Nadia, Sandrine, Natacha, Martine, Nadine, Gwenaëlle, Élodie, Annick, Julie… j'essaie de retenir les prénoms ; un vrai challenge ! Même s'il m'arrive trop souvent de confondre les identités, malgré le temps, je n'oublie aucun visage et reste marquée par nos échanges. Leurs pleurs, nos rires, parfois leurs colères aussi.

Je lis l'anxiété sur certains visages, d'autres manifestent déjà une joie spontanée d'être là. Chaque semaine, je la vis comme une montagne à gravir ; chaque fois, je découvre de nouveaux accompagnants bénévoles et douze femmes ou enfants inconnus dont je ne sais que leur communauté face à l'épreuve de la maladie.

J'accorde une importance toute particulière à ce premier contact. Je sais leurs angoisses, j'imagine que certaines ont dû hésiter à venir jusqu'au dernier moment. D'autres, un peu comme l'alpiniste en passe de franchir une rimaye (la crevasse séparant une paroi du glacier à son pied, plus ou moins béante ; souvent un passage clé), arrivent la peur au ventre mais portées par une flamme de vie qui ne demande qu'à s'embraser. D'ailleurs, lorsque je leur demanderai un peu plus tard si certaines ont envisagé de renoncer, elles seront plusieurs à le confirmer. L'une d'elles a encore failli annuler hier. L'appréhension de l'altitude, de la vie en communauté, de l'inconnu aussi.

Elles découvrent la maison et je vois dans leurs yeux comme elles apprécient le cadre et les petits cadeaux de bienvenue. Nous leur accordons beaucoup d'attentions. Elles le méritent tellement ! Une fois leurs affaires déposées dans les chambres, nous nous réunissons pour apprendre à nous connaître, préambule essentiel pour cheminer ensemble.

Réunies dans le douillet salon des confidences, elles s'installent en arc de cercle sur de gros canapés rouges et moelleux, heureuses de se poser après de longues heures de transport pour certaines. Le feu de cheminée crépite, les poissons joufflus et multicolores se baladent sans bruit sur le large écran plasma. Leurs regards sur moi sont chargés d'une attente bienveillante, teintée, pour certaines, d'un brin de scepticisme !

Je suis la première à me livrer, pour mieux leur expliquer la démarche et le sens de ce qu'elles vont accomplir. Assise face à elles, je saisis un maillet de bois et fais chanter un bol tibétain bouddhiste rapporté d'un séjour au Népal. J'ai découvert le pouvoir relaxant du son d'une grande pureté qu'il produit. Sa vibration entraîne les émotions dans une douce escale sensorielle.

L'harmonie du corps et de l'esprit sera au cœur de la semaine que nous allons passer ensemble à la maison Vallot. Je mets des mots sur la raison de leur présence, sans tabou, sans retenue. Elles sont là pour faire « leur Everest » et surtout réaliser qu'elles ont déjà vaincu une épreuve aussi énorme que l'Everest, sûrement bien plus dure. Nous échangeons sur les qualités intrinsèques pour accomplir des choses « extra-ordinaires ». Ces belles qualités qu'elles possèdent, puisqu'elles les ont déployées pour vaincre leur cancer. Des qualités proches de celles qu'il m'a fallu mobiliser pour vaincre le plus haut sommet du monde ; celles-là mêmes qui permettent aux champions de dépasser leurs limites : le courage, le mental, la volonté, l'espérance, l'esprit d'équipe, l'optimisme, l'*en-vie*, la combativité, la persévérance, et aussi la peur, celle qui transcende. Toutes ces qualités sont en elles, si enfouies et refoulées qu'elles l'ont souvent oublié.

Je raconte ce qu'est l'Everest : les étapes de mon ascension de ce sommet de légende. Il m'a fallu m'acclimater, grimper par paliers, redescendre pour mieux remonter, descendre à nouveau avant de repartir à l'assaut. Du camp de base au sommet, j'ai parcouru plus de 15 000 mètres de dénivelé pour ne progresser au final que de 3 848 mètres en altitude ! Pour y parvenir, il m'a fallu être là juste au bon moment, décider du meilleur créneau pour aller jusqu'en haut. J'avais l'énergie pour oser aller chercher cette place. J'avais dompté l'Everest, puisque mes pieds étaient posés dessus ! Il était bien là, éternel, avec sa force, sa symbolique puissante, dynamisante. Et moi, en dépit du vertige, je n'avais pas flanché !

En népalais, Everest se dit *Sagarmatha* et signifie « la montagne dont la tête touche le ciel », et en tibétain, il s'appelle *Chomolungma*, « la déesse mère des vents ». De jolies métaphores pour traduire la grandeur, la noblesse et le respect des hommes pour le mont Everest.

Je laisse les femmes deviner et lister les forces qu'il faut puiser en soi pour réaliser des entreprises extrêmes : le courage, la persévérance, la confiance en soi et aux autres… Ces ressources sont en elles, comme en chacun d'entre nous. Je leur confie mes moments de peur aussi, une belle qualité dès lors qu'elle ne freine pas. Je termine en évoquant ce plaisir nécessaire, la paix, la joie et la formidable liberté d'aller au sommet. La liberté, une notion essentielle. Si elles se l'accordent, personne ne pourra les empêcher de suivre leur chemin, voire de réaliser leurs rêves.

À partir du moment où j'avais atteint le sommet, dès lors qu'elles ont vaincu la maladie, la donne change, car l'autre versant de la montagne apparaît : celui du retour. Il faut amorcer cette fameuse descente. Il n'est plus possible de vivre comme avant. La maladie est vaincue, mais l'épreuve fait désormais partie de son histoire personnelle. Que faire ? On s'interroge. Parfois, colère et tristesse brouillent l'entendement, paralysent les actes. Va-t-on rester victime de sa vie ou essayer d'accepter et de transformer les épreuves pour repartir à la conquête de demain ?

Moi aussi, j'ai cherché ma route, je me suis longtemps demandé ce que j'allais faire de ce message subliminal que m'avait adressé l'Everest. Moi aussi, je me trouve à un nouveau tournant de ma vie, au sommet de cet autre Everest qu'a été pour moi la construction de l'association. Moi aussi, une fois encore je dois gérer l'après, trouver un nouveau chemin, partir en quête de mon avenir.

Oser venir faire un séjour à la maison Vallot, c'est accepter de reconnaître qu'on a besoin d'aide, c'est oser ouvrir une porte. Et, nécessairement, quelque chose va apparaître, s'éclairer et nous emmener. Rien n'est hasard ! Ces femmes ont toutes vaincu une épreuve qui a valeur d'exploit et je vois dans le regard de nombreuses d'entre elles qu'elles le réalisent pour la première fois le soir de leur arrivée.

Avant de les écouter à mon tour, je leur répète encore que croire la boucle bouclée une fois l'objectif atteint est un leurre. J'en suis la preuve vivante ! Une étape insoupçonnée m'attendait : il fallait affronter la descente, le vertige. Il en est de même avec la maladie. L'après-cancer ne va pas de soi. Face au vide, on perd pied, on se sent seule, incomprise, différente. Le corps en sort aussi meurtri que l'âme.

Il reste à comprendre le sens de cette épreuve, de ce sommet. Comment transformer cette souffrance ? Le mot « maladie » porte d'ailleurs le message en lui-même : « le mal a dit »…

J'aimerais que les femmes accueillies à Chamonix repartent riches de nouveaux outils. Je voudrais les guider vers davantage de liberté, de légèreté ; et aussi, qu'elles soient fières d'elles. Le traumatisme est à la mesure du formidable courage qu'elles ont déployé. Je voudrais qu'elles récupèrent toutes leurs ressources pour aller là où elles ont envie d'aller. Maintenant qu'elles ont vaincu la maladie, elles doivent partir à la recherche d'elles-mêmes. Comme je l'ai fait après avoir conquis l'Everest; comme la vie nous oblige à le faire face à chaque nouvel obstacle.

À elles d'oser prendre leur vie en mains, riches de leur expérience. Je leur souhaite de trouver l'harmonie et je cherche à les aider sur le chemin qui leur est destiné.

L'humour est une arme d'amour. Tout en précisant que la cellule psychologique est là pour les soutenir, je pose la main sur la grande boîte de Kleenex qui trône au centre de la table basse, ce qui déclenche un éclat de rire général, le premier du séjour…

Chaque femme partage son histoire personnelle, explique les raisons de sa présence, ses attentes, ses peurs, ce qu'elle a vécu. Elles se racontent sans retenue, dès cette première soirée qui marque le début du nouveau chemin vers lequel elles tendent.

Nadia est la première à se lancer. Elle confie sa descente aux enfers. Ce 23 février 2016 où, à l'occasion d'une banale mammographie de contrôle, la radiologue lui assène, *cash*: « Vous avez choisi un hôpital ? » Il était 14 h 50, un gouffre s'est ouvert sous ses pieds et depuis rien n'a plus jamais été comme avant. L'opération deux mois plus tard, la douleur du corps et des cœurs: « J'ai enchaîné la radiothérapie et la chimio jusqu'au 29 décembre… Je les ai vécues comme un empoisonnement monstrueux… Mes deux garçons de 14 et 17 ans ont beaucoup souffert… Je suis une patiente trop impatiente, c'est pour ça que le docteur m'a envoyée ici. » Le silence est absolu. L'écoute attentive du groupe est une force invisible qui aide à lâcher prise. D'ailleurs, quand j'interroge Nadia sur ses craintes, elle ne retient plus rien : « Je n'aime pas l'altitude, la neige, les grands espaces, j'ai le vertige et je redoute la vie en collectivité. Alors être là, pour moi, c'est déjà un demi-Everest ! » Elle lâche même, en désignant le grand écran plasma où se baladent sans relâche des poissons exotiques : « Et j'en ai marre de ces poissons rouges ! Il y avait le même bocal dans la salle de soins du bloc ! » Un fou rire général vient clore ce premier témoignage d'une semaine qui promet d'être forte en émotions.

Une à une, les femmes se livrent à la suite de Nadia et avec la même franchise, la même spontanéité qu'elle. « Ma fille a très mal supporté la perte de mes cheveux, alors je n'ai jamais quitté mon foulard… » « J'appréhende le prochain examen de contrôle… » « Mon bébé avait neuf mois quand j'ai appris mon cancer. » « Pour moi la vie allait s'arrêter là… » « Je suis infirmière en neurochirurgie et j'ai des angoisses car au bloc, je vois des femmes avec des métastases au cerveau… » « Quand on côtoie la mort de si près, ce qu'on a voulu enfouir vous explose au visage… » « Cette année a été très difficile et très belle, parce que j'ai eu beaucoup d'amour autour de moi… » « Je suis très en colère de ce qui m'arrive… » « Je suis venue ici pour me faire porter, je l'assume ! » « En plus de mes dents, chaque soir je dois laver ma prothèse ! » « Tu ne fais plus maman comme ça, m'a dit ma fille en regardant mon crâne… » « Mon mari commence à son tour à ne pas aller bien… » « Ma petite chienne est morte juste à la fin de mes soins, comme si elle avait attendu pour mourir… » « J'ai été très volontaire, très entourée ; c'est aujourd'hui que c'est difficile, maintenant que le pire est derrière moi… » « Ma fille a voulu aller vivre ailleurs, parce que ce n'est pas le pied d'avoir une mère cancéreuse ! » « J'ai acheté une prothèse avant de venir, un truc gluant, et aussi un maillot de bain, mais j'ai pas envie d'y aller dans vos thermes ! » « Le soir, j'éteins la lumière avant d'enlever ma perruque et ma prothèse, un tue-l'amour ! » Les témoignages sont accueillis et ressentis par chacune jusqu'au tréfonds de leur être. La peine de l'une s'exprime dans les larmes de toutes les autres.

Elles parlent sans tabou, sans faux-semblants, certaines pleurent, expliquent qu'elles n'avaient jamais craqué devant leurs enfants ou leur mari. Les émotions sont immenses, la soirée intense, plusieurs femmes évacuent des souffrances psychologiques trop longtemps réprimées. Cette séance est certainement la plus rude du séjour. Entre larmes, soulagement, étonnement et partage, il se crée une douce harmonie. Lâcher les mots, dire ses douleurs sans retenue, les a allégées. Entre ces femmes qui n'ont souvent pas grand-chose en commun, une incroyable bienveillance est née en quelques heures à peine. Avoir affronté la maladie est un ciment puissant qui participe du nouveau chemin de vie qu'il leur faut construire. Une expérience intransmissible à qui ne l'a pas vécue. Le dire devient thérapeutique pour ces femmes. C'est aussi le cas pour les enfants qui, de surcroît, font une pause dans la relation souvent trop fusionnelle que la maladie a instaurée avec leurs parents.

Les confidences se sont échangées, les cœurs se sont épanchés, plus de trois heures durant.

– La cellule psychologique est vide ! lance joyeusement Béatrice à la cantonade. Ses grands yeux bleus sont encore rougis par des larmes vite essuyées.

À Chamonix, la maison du géographe et astronome Joseph Vallot (1854-1925), entièrement rénovée, devient le camp de base des enfants et des femmes accueillis par l'association À Chacun son Everest !.
Photos Jérôme Gorin et Karine Lhémon.

En juin 2001, nous inaugurons la maison Vallot en remerciant tous ceux qui ont permis cette formidable rénovation.

Seize ans plus tard, la maison Vallot améliore encore ses équipements : nous inaugurons un « espace zen » réalisé par Robert Dunoyer et ses équipes, en présence de Philippe Lebœuf, président de l'association À Chacun son Everest !, du professeur André Baruchel et du docteur Marc Espié, nos conseillers médicaux. *Photos Karine Lhémon.*

Un élan de vie, de joie, d'énergie. Les enfants sont fiers et heureux de parvenir à dépasser la maladie. Ils n'imaginaient pas pouvoir courir ainsi dans la montagne. *Photo Jérôme Gorin.*

En avant ! Leur détermination à atteindre leur sommet est absolue.

En vingt-cinq ans, j'ai accompagné des milliers d'enfants. J'aime leur prendre la main pour les guider vers « leur » Everest. *Photos Jérôme Gorin et Sébastien Champeaux.*

Dans notre formidable salle d'escalade, nous guidons les enfants et les encourageons à reprendre confiance. L'escalade est un bel outil de valorisation. Bientôt les jeunes s'élancent tout seuls, en rappel ou à sur la grande tyrolienne installée dans le jardin.
Photos Karine Lhémon, Sébastien Champeaux et Jérôme Gorin.

Face aux Aiguilles-Rouges, nous grimpons 800 mètres de dénivelé vers le sommet des Posettes.

À plusieurs, on est plus forts. *Photos Jérôme Gorin et Karine Lhémon.*

La fierté de réussir supplante la peur.

Grâce au ski assis, les enfants souffrant de séquelles de leur maladie retrouvent la sensation de glisse et de liberté. Les sorties en traîneau à chiens sont une de leurs activités préférées. *Photos Sébastien Champeaux.*

Une belle cordée dans les Aiguilles-Rouges. Le mont Blanc se dessine à l'arrière-plan. Les ados sont en route pour l'ascension de l'Index, avec de belles longueurs d'escalade en perspective.

Victoire au sommet du Prarion, avec une vue fantastique sur la chaîne majestueuse du Mont-Blanc. *Photos Sébastien Champeaux et Jérôme Gorin.*

Dans l'ascension de l'Index, une voie d'escalade rocheuse de cinq longueurs. Pour une première, chapeau !

Arrivée au pas de course de nos petits champions. Ils ont tout donné. Au sommet, c'est eux-mêmes qu'ils retrouvent… *Photos Jérôme Gorin et Karine Lhémon.*

Les liens tissés avec les enfants et les adolescents sont extrêmement forts. Une fois adultes, ils sont nombreux à revenir dans la maison où leur vie a repris des couleurs.
Photos Sébastien d'Halloy et Jérôme Gorin.

Victoire au sommet ! Les jeunes que nous accueillons nous donnent de vraies leçons de vie.
Photos Jérôme Gorin.

Novembre 2004. Pour fêter les 10 ans d'À Chacun son Everest !, les six finalistes de la *Star Academy* étaient sur scène. Parmi eux, le jeune chanteur Grégory Lemarchal, qui mourra des suites de la mucoviscidose en 2007. Il a fait naître des étoiles dans les yeux des enfants dont il connaissait si bien les épreuves. Je lui rends ici hommage.

Les 20 ans de l'association ont également été l'occasion d'une fête extraordinaire à Paris. Merci à l'agence Auditoire qui l'a organisée ! Derrière les enfants, nos présidents, Philippe Lebœuf et Jean-Pierre Davaille, et notre secrétaire générale, Evelyne Debrosse. *Photos Sébastien Champeaux.*

J'aime cette photo pleine de joie et de douceur. Avec André Baruchel, en fêtant les 20 ans d'À Chacun son Everest !, nous réalisons le chemin parcouru.

Des champions pour fêter nos champions : à ma gauche, la grande navigatrice Florence Arthaud. À ma droite, Sandra Laoura, médaillée olympique en ski de bosses. Juste derrière moi, puis de droite à gauche : Antoine Dénériaz, champion olympique de descente, Jean-Philippe Gatien, champion du monde de tennis de table, Marie Bochet, championne paralympique de ski, Ladji Doucouré, champion du monde du 110 m haies, Anne-Caroline Graffe, championne du monde de taekwondo, Marie-Laure Brunet, médaillée olympique de biathlon, Cédric Vasseur, champion cycliste, Karine Baillet, championne de raid multisports, Laëtitia Hubert, patineuse artistique, Florence Masnada, médaillée olympique en ski, Julia Chanourdie, grimpeuse. Accroupis au premier plan : Thomas Domenach, champion de skicross, Éric Loizeau, navigateur et *summiter* de l'Everest, et Pascal Tournaire, photographe, mon compagnon sur le Toit du monde et les *Seven Summits*. *Photos Jérôme Gorin et Sébastien Champeaux.*

Depuis 2013, nous accueillons aussi à Chamonix des femmes en rémission de cancer du sein. La montagne sublime les âmes, apaise et aide à se reconstruire. J'aime les emmener vers le sommet, leur faire redécouvrir une énergie nouvelle. *Photos Jérôme Gorin et Karine Lhémon.*

Un séjour « everestique », c'est partir en quête d'une force nouvelle, en s'immergeant dans la montagne, en s'exposant à la neige et au vent. Respirer et se laisser porter, avancer et vivre !

Venir à Chamonix et oser l'aventure, c'est déjà le premier pas vers la liberté.
Prendre le petit train du Montenvers est une première pour la plupart des femmes.
Photos Jérôme Gorin et Karine Lhémon.

Une haie d'honneur pour une victoire sur la maladie ! Une main porte le mont Blanc, l'autre retire la perruque : une autre image symbolique du « sommet » atteint et de la transformation en cours. *Photos Jérôme Gorin et Thomas Bekker.*

Toutes diront de cette première soirée que ce fut un tourbillon, qu'elles ne voulaient plus entendre parler de la maladie et qu'on les a replongées dedans.

Le dîner est l'occasion de poursuivre la discussion dans une ambiance apaisée. Maud, notre cuisinière pour la semaine, a mitonné un vrai menu gastronomique auquel toutes font honneur : velouté de légumes au gingembre, pavé de thon aux petits légumes, moelleux au chocolat et son coulis au caramel. Aucune n'est autorisée à se lever de table pour servir ou débarrasser. Pour certaines, cela semble tellement relever du réflexe qu'il faut les rappeler à l'ordre !

– Cette semaine, vous êtes nos invitées. Interdiction de faire quoi que ce soit ! Votre mission est de vous laisser dorloter !

Il est bientôt minuit, je les presse d'aller se coucher. Demain, la journée sera bien remplie ; d'ailleurs, elles le seront toutes !

Cette nuit leurs pensées vont tourbillonner. Jusque dans leur sommeil, je voudrais leur souffler qu'elles aussi choisiront un jour leurs rêves. Même si elles ne prennent pas la voie la plus facile, ce sera assurément celle d'où la vue sera la plus belle.

Je roule vers mon douillet refuge. La lune illumine le ciel et dessine les aiguilles de Chamonix. Je me sens bien ; je sais notre camp de base solidement ancré.

Chapitre 3

Retrouver son souffle

Lorsque j'arrive, la vaste maison est déjà en pleine effervescence. Nous sommes lundi matin, c'est parti pour une semaine marathon. L'aventure commence véritablement aujourd'hui et la métamorphose sera spectaculaire. Les femmes ont déjà le sentiment surprenant d'être ensemble à Chamonix depuis un temps infini. Il est vrai qu'hier soir elles se sont confiées ; pour certaines, comme jamais.

Notre mission du jour, à l'équipe et à moi, va être de leur apprendre à prendre conscience du souffle. À fond, en pleine conscience, car l'oxygène est notre source vitale la plus précieuse. Ce n'est pas l'altitude qui leur a coupé le souffle, c'est l'avalanche provoquée par la découverte de leur cancer. Chacune se souvient parfaitement du jour, de l'heure et des phrases prononcées. Une journée gravée à jamais dans leur mémoire, dans ses détails les plus insignifiants. Jusqu'à la couleur de la robe portée ce jour-là, jusqu'aux ongles rongés du médecin, aux boucles d'oreilles orange de la standardiste de l'hôpital ou au millésime du vin bu au troquet du coin avant de rentrer et d'asséner la nouvelle aux proches. « Le verre à la santé de la condamnée à perpète, le toast à un nouveau regard des autres, et de moi, sur ma vie ! », raille Julie en levant sa tasse de tisane.

L'annonce d'un possible départ coupe le souffle. Le sien, celui des proches aussi. Elle est parfois niée avant de pouvoir être entendue, puis acceptée. Alors, rien ne sera plus jamais comme avant. Et paradoxalement, il faut apprendre à vivre avec une épée de Damoclès, une ombre qui plane sans relâche. Trouver un nouveau souffle est essentiel pour avancer, au risque d'étouffer. La montagne m'a appris où en trouver la capacité, même lorsque l'oxygène est rare.

Au programme de cette journée du souffle : qi gong, yoga, et une première courte randonnée pour retrouver les sensations. Et *être*, tout simplement.

Avant toute chose, nous équipons les femmes comme de vraies alpinistes. Le sport permet d'être acteur et participe à la guérison. Il faut remettre le corps en mouvement et le souffle est le premier et plus bel outil pour en trouver la faculté.

Au sous-sol de la maison Vallot, nous leur fournissons l'équipement nécessaire pour les activités à venir. Marie-Odile, accompagnatrice en montagne, les reçoit dans notre vaste dressing, qui n'a rien à envier à un magasin de sport. Et c'est parti pour une joyeuse séance d'essayage ! Il faut dire que nous avons la chance de pouvoir leur offrir un large choix de modèles et de couleurs grâce, encore une fois, à nos généreux partenaires, notamment Au Vieux Campeur, déjà soutien de mon tour du monde et de tant d'autres expéditions. Pantalons de ski, vestes Gore-Tex, doudounes, polaires, gants, chaussures de montagne, chaussons d'escalade, bonnets, sacs à dos, gourdes, lunettes de soleil… rien n'est laissé au hasard. Le groupe de marcheuses qui partira cet après-midi pour sa première sortie en montagne sera équipé comme les vraies pros !

Pour l'heure, elles ont rendez-vous avec Marc, notre maître de qi gong. J'aime démarrer la semaine par son enseignement. L'énergie est à la base de tout, pour vaincre les sommets et pour gagner en force vitale. Cette discipline traditionnelle chinoise a justement pour objectif d'apprendre la maîtrise de son énergie et de son souffle. Je l'ai découverte sur une plage lors d'un séjour au Sri Lanka où j'étais partie me ressourcer dans un centre ayurvédique. Chaque matin, au lever du soleil, je retrouvais un maître qui, face à l'océan, vêtu de blanc immaculé, les pieds fermement ancrés dans le sable, me guidait, me faisait ressentir l'incroyable force énergétique de ses mouvements lents et puissants. Son enseignement me confirma que pour mieux aider les autres, il faut prendre soin de soi. Depuis, je séjourne régulièrement dans des ashrams, en Inde, en Thaïlande ou au Sri Lanka. J'apprécie ces lieux isolés dans la nature, propices à la méditation. J'aime allier massages et méditation, symbiose du corps et de l'esprit. J'apprends, je ressens, je me nourris pour transmettre, proposer de nouveaux outils. Le qi gong, dont j'ai expérimenté les formidables bienfaits, en fait partie.

Sa pratique consiste à associer des mouvements lents et circulaires, des exercices de respiration profonde et de concentration afin d'améliorer son développement spirituel. Les cellules ont besoin d'oxygène pour assurer leur fonction. Très concrètement, le qi gong favorise l'oxygénation des cellules, il tonifie le corps et permet de se charger de l'énergie universelle. La médecine traditionnelle chinoise prend en compte le stress émotionnel parmi les facteurs susceptibles de déclencher un cancer. Entre médecine douce et maîtrise de l'énergie, depuis des millénaires, elle a intégré le qi gong pour ses vertus apaisantes.

Le but de la séance est d'éveiller ces femmes à la discipline. Si certaines semblent dubitatives, toutes ont décidé de participer.

Marc explique :

– En Occident, nous sommes beaucoup dans la pensée, seuls notre cœur et nos émotions travaillent. Coupés en deux, nous avons perdu l'enracinement au sol nécessaire pour apaiser l'agitation qui se passe en nous. Pour éviter que nous nous retrouvions seuls face à nous-mêmes, le corps a sans cesse besoin de mouvement, et l'esprit a besoin de distraction et de projection. Approfondir la détente mentale et physique, se retrouver dans son espace mental intérieur, incite à percevoir ce mouvement insensé de nos pensées.

Debout, face aux douze femmes, Marc leur montre la position de base.

– Mesdames, enracinez-vous ! Oui, c'est bien le terme que je veux vous faire ressentir ! Les pieds rivés au sol. Nous allons ralentir le rythme effréné de nos pensées, source de situations conflictuelles et de souffrances psychiques.

Il a tellement raison, Marc ! L'esprit agité s'apaise par la pratique régulière de mouvements lents. Inspirer à fond dans les gestes d'ouverture et expirer dans les gestes de fermeture. Des mouvements toujours circulaires, symboles de l'infini.

Marc corrige les positions, raconte, avec le ton assuré et apaisant du sage qui ouvre la voie vers une nouvelle sérénité possible.

– La verticalité est à la base de la pratique. Ancrez-vous dans le sol. Pensez à l'arbre solidement enraciné dans la terre.

Il donne l'exemple et les pieds comme vissés au sol, redresse son corps. Ses mouvements sont lents, puissants, maîtrisés.

– On l'appelle la position de l'arbre. Répartissez le poids de votre corps dans vos membres. En médecine chinoise, le tronc de l'arbre est notre colonne vertébrale ; on doit veiller à sa rectitude. Le cou doit être comme suspendu et permettre de se tenir droit ; les cheveux représentent le feuillage qui va chercher les composants nourrissants de l'air. L'homme est un trait d'union entre la terre et le ciel.

La salle de yoga est cernée de larges baies vitrées. La nature environnante participe de l'atmosphère. De gros flocons de neige tourbillonnent sans discontinuer et baignent l'espace d'une douceur bienfaisante.

– Inspirez ! Votre respiration doit être abdominale.

Les femmes sont concentrées sur leur posture, reprennent possession de leur corps au rythme lent et régulier des mouvements qu'elles enchaînent.

– Merci pour ce partage.

La séance se clôt dans un grand calme. Le temps, étrangement suspendu, reprend son cours. Lentement.

Pas de pause pour autant ! Elles l'ont compris. Dès 14 heures, après avoir dégusté de fondants pavés de saumon au miel et au sésame, accompagnés de riz sauvage, nous partons pour notre première marche au Bois du Bouchet, entre le mont Blanc, la Flégère et les aiguilles de Chamonix. Ce site, à quelques minutes du centre de Chamonix, offre une magnifique balade entre les sapins et les épicéas. Une randonnée à la portée de tous et qui permet de découvrir les plus hauts sommets de la vallée en flânant sur un circuit balisé, dans un décor somptueux.

Chamonix est une vaste plaine entourée de montagnes où nichent une quinzaine de villages et hameaux. La commune est enserrée entre le massif des Aiguilles-Rouges qui culmine à 2965 mètres et, sur le versant opposé, celui du Mont-Blanc dont la cime, avec ses 4810 mètres, est la plus élevée d'Europe. Depuis le Brévent ou la Flégère, la vue est magique : l'aiguille Verte, les Drus, les Grandes Jorasses, la dent du Géant, le mont Maudit et le mont Blanc du Tacul… Je ne me lasserai jamais de ce paysage. L'émotion m'étreint dès que je lève les yeux vers ces sommets. Le mont Blanc, visible de partout, nous domine, nous encercle, nous aspire. Parfois je ressens le besoin impérieux de partir, d'aller respirer ailleurs, de retrouver l'horizon sur la mer ou juste les odeurs de la basse vallée… lorsque l'air n'est pas sursaturé de pollution. Car la vallée de l'Arve, qui mène à Chamonix, capitale de l'alpinisme et du trail, est aussi l'une des zones les plus polluées de France !

Une fine neige mouillée nous escorte, emporte les larmes, lave les cœurs meurtris. Ces premiers pas sont importants pour s'acclimater, découvrir la beauté des lieux, de cette nature au pied des monts enneigés. Pour reprendre confiance aussi. Respirer, être dans l'instant présent, cela paraît simple mais ne l'est pas. Le ton est donné, il faut avancer, ne pas penser, se laisser porter. « Arrêter le tourbillon insensé de nos pensées », dirait Marc.

Tous les outils que nous mettons en œuvre aujourd'hui ont le même objectif : mettre chacune dans son souffle. Le but est de les aider à retrouver leur corps modifié, opéré, radiothérapié, chimiothérapié, abîmé. Toutes sont arrivées ici épuisées. Le souffle est un allié qui va les aider à remettre leur corps en marche. Et leur esprit aussi…

Nous progressons sur un sentier enneigé, entre de hauts sapins capuchonnés de blanc. Un écureuil roux, la queue en panache, détale devant nos pieds, effaré de voir notre long cortège aux couleurs chamarrées.

Comme en méditation, il faut se caler sur son rythme, être attentif à sa respiration, et ne plus penser qu'à marcher. Marcher en pleine conscience. Je propose aux femmes de progresser en silence, pour mieux ressentir l'instant. La pratique de la méditation m'a appris à être dans le moment présent. Le souffle et le cœur ne doivent plus faire qu'un. Le souffle, c'est la vie, et notre challenge est de faire trouver ce second souffle, au propre comme au figuré.

À partir de 7 000 mètres d'altitude le corps est très fatigué car il n'y a plus assez d'oxygène. Alors il faut s'économiser. Ici, même si nous ne sommes qu'à 1 500 mètres, les femmes doivent se ménager.

Je m'applique à donner le rythme ; c'est essentiel. Je n'hésite jamais à prendre une main ou un sac à dos lorsque je perçois que quelqu'un en a besoin. Je suis leur coach du souffle ! Ma formation de médecin et l'empathie me permettent de détecter le moment où il faut ralentir, s'arrêter, aider, voire faire demi-tour. C'est cette même intuition qui m'a permis de grimper et surtout, de redescendre ! Jamais, en vingt-deux ans, il n'y a eu le moindre accident en randonnée, et jamais il ne devra y en avoir ! Il faut toujours proposer un objectif adapté, ne jamais mettre personne en position d'échec. Il faut savoir dire non, de la même manière qu'il faut savoir faire demi-tour, même à cinquante mètres du sommet. J'ai toujours eu cette rigueur-là. Sinon, je serais morte là-haut. La montagne n'autorise pas l'erreur.

Les enfants ont une incroyable détermination, ils veulent aller au sommet, viser le plus dur, le plus haut. Même s'ils savent pertinemment que ce n'est pas le sommet qu'ils sont venus chercher, mais eux-mêmes, ce champion qui va brandir le fanion À Chacun son Everest !. Chaque enfant doit atteindre son propre sommet, sans aller au-delà ; être fier. Et si certains sont trop fragiles, nous leur proposons un autre itinéraire, au départ du village de Tour. L'aiguillette des Posettes, j'ai dû la gravir plus de deux cent cinquante fois, j'en connais chaque accès, chaque filet d'eau, chaque caillou.

Je ne relâche jamais ma vigilance. Pour nos premières marches avec les enfants, j'emportais toujours de l'oxygène. Cela me rassurait !

Un jour une infirmière accompagnante m'a dit : « C'est incroyable. Tu prends la main d'un gamin qui n'avance plus et en cinq minutes il accélère et retrouve l'énergie ! »

Les enfants ont une force de vie immense, même après la maladie ; une énergie qui leur permet d'atteindre des sommets qu'ils se croyaient incapables de gravir. J'ai vu des bouts de chou de 6 ans arriver la mine pâle, le corps affaibli, retrouver une détermination et une pêche de champion !

Un jour, nous sommes allés en randonnée à la pointe de Tardevant. Partis de La Clusaz, dans les Aravis, nous avons dormi au refuge de la Bombardelle, à 1 620 mètres d'altitude, avant de franchir les 800 mètres de dénivelé jusqu'au sommet. Nous avancions sur un large sentier. Je cherchais des yeux un bonhomme de 6 ans et demi. Il était le plus petit. Il ne pouvait pas avoir disparu puisqu'un accompagnateur fermait la marche… Et soudain je le vis : Thomas était tout devant, avec le guide. Il fut le premier à atteindre le sommet ! Le garçonnet était fier, impressionnant de maturité, et nous, nous étions juste heureux ! Quelle fierté dans sa voix lorsqu'il appela sa grand-mère au téléphone et cria : « Mamie, je suis au sommet du mont Blanc ! » Comme nombre d'enfants, Thomas n'était jamais parti en vacances.

Je me souviens aussi de Mélodie, 8 ans. Une petite fille triste, au crâne lisse, aux immenses yeux noirs, qui semblait apeurée de se retrouver là, cernée par des inconnus, loin de sa maman qu'elle n'avait jamais quittée plus de quelques heures. Le premier soir, installée au bout de la longue table, elle picorait dans son assiette, n'osant pas même regarder ses camarades d'aventure. Et puis, la magie de la montagne avait opéré. Je l'encourageais tandis que je la faisais grimper sur le parcours accrobranche qui file tout autour de la maison Vallot. Elle acquiesçait par de petits hochements de tête, ne parlait pas, effectuait le parcours dans une concentration extrême, sans manifester la moindre émotion. J'étais soucieuse, car je ne pouvais imaginer cette petite vivre une semaine entière dans un tel enfermement. Et soudain, tandis qu'elle s'élançait dans les airs et traversait l'espace accrochée à la tyrolienne, elle avait poussé un long cri d'enfant. Celui-là même qu'on entend dans les squares, lorsque l'amusement est à son comble. Je l'avais réceptionnée, bras grands ouverts : « Bravo ma puce ! Tu vois que tu peux y arriver ! » Sa petite main dans la mienne, gonflée de fierté, elle m'avait demandé : « Tu le diras à ma maman, n'est-ce pas ? Elle va pas le croire ! » Elle venait de renaître, ou de naître à cette autre part d'elle-même, celle de la petite fille pleine de ressources, semblable à tous les enfants qui n'ont pas eu à traverser la maladie. Tu liras sûrement ces lignes Mélodie, et tu te reconnaîtras. Aujourd'hui, tu dois avoir plus de 20 ans. Sache que tu m'as offert un formidable cadeau, ce jour-là.

Et Juliette ! Une belle histoire de complicité entre une fillette fragile et un gros husky aux yeux lagon cernés de khôl. Cette enfant de huit ans, je la couvais des yeux depuis son arrivée. Elle paraissait si perdue, si inconsolable. En plus du cancer, elle avait eu une poliomyélite. Elle pleurait tellement qu'elle en mangeait son petit mouchoir à force de le serrer contre sa bouche et d'être secouée de gros hoquets. Nous l'avions emmenée faire une randonnée en traîneau tiré par des chiens, en espérant la distraire de son chagrin. Je me rappelle le long regard qu'elle avait échangé avec le chien de tête, Max, un énorme husky à l'énergie renversante ! Juliette, comme hypnotisée, avait tendu sa petite main en direction de la truffe noire de l'animal. Lui avait posé sa lourde tête sur la menotte. Alors la petite fille était partie d'un rire joyeux auquel le chien avait répondu par des jappements, en retroussant les babines, comme s'il riait lui aussi. Ces deux-là s'étaient comme retrouvés au-delà de nous, au-delà du groupe. Ils ne s'étaient plus quittés de la journée.

La cani-rando est une des activités préférées des enfants… après l'ascension du sommet bien sûr ! Elle allie marche et contact avec les chiens. Nos *mushers*, Dominique et Émile, sont des passionnés. Je les ai rencontrés lors de nos premiers stages avec des enfants aux lourdes séquelles après cancer (amputations, graves troubles de l'équilibre). Grâce aux chiens et aux fauteuils tout terrain, ils découvraient le plaisir de rouler et de dévaler des pentes. Émile raconte avec émotion comment il a vu ses chiens se transformer, s'adapter, freiner leurs élans un peu brusques. Leur instinct protecteur et leur amour des hommes prenaient leur pleine mesure face aux enfants. Les huskies ressentent leur immense fragilité.

Au retour de deux heures de marche, le regard des femmes brille d'un éclat nouveau, leurs mouvements ont déjà gagné en assurance. La reconquête de leur corps est en marche, dans leur tête !

À leur arrivée, le sentiment qui domine souvent est la désespérance. Plus forte que la souffrance, induite par la fatigue et l'épuisement. Je sais tous les désespoirs par lesquels elles sont passées. Quasiment toutes disent avoir eu des douleurs diffuses dans le corps. Cette terrible permanence et cette récurrence, à chaque chimiothérapie, les espoirs de rémission qui se transforment, pour certaines, en nouvelle chimiothérapie, voire en opération, sont souvent la cause d'un grand abattement. Même lorsque la maladie est vaincue, le traumatisme est là.

Dès la première chimiothérapie, les corps changent, les cheveux tombent ; percluses de douleur, elles maigrissent inéluctablement. On leur explique souvent que ces « inconvénients » sont passagers. Rien de grave. Puis nombre d'entre elles, une fois le cancer vaincu, suivent une hormonothérapie avec son cortège d'effets secondaires : ménopause précoce, douleurs articulaires, embonpoint, etc. À ce stade, la désillusion devient abyssale, le sentiment de solitude extrême, car l'entourage parle d'un « petit cancer » désormais guéri. Je sais qu'elles s'en ouvriront à moi, qu'échanger entre elles et avec l'équipe soignante va les soulager.

La douleur s'oublie. J'ai souffert au pôle Nord et sur l'Everest, mais le souvenir de l'épreuve s'estompe avec le temps et la mémoire ne garde que les belles choses. L'être humain a cette formidable capacité. L'oubli est la cheville ouvrière de la résilience.

Pour vaincre leur cancer, comme pour atteindre un sommet ou traverser le pôle Nord, il ne faut penser qu'au prochain pas, à la prochaine respiration, surtout ne pas évaluer la distance qu'il reste à parcourir. Il faut mettre toute son énergie dans l'instant présent. Avancer, obstinément. Et lorsqu'on s'imagine être parvenu au sommet, que l'on croit avoir vaincu son cancer, alors qu'un nouveau sommet se profile déjà, ne pas relâcher son effort.

Plus facile à dire qu'à faire, bien sûr. Je ne veux ni bousculer, ni donner de leçon. Juste essayer d'accompagner, aider à franchir les crevasses invisibles que la maladie creuse dans nos âmes.

Dernière étape « initiatique » du jour pour retrouver son souffle : une séance de yoga. Le mot sanscrit signifie « unir », « relier ». Ces femmes sont souvent désunies de leur corps, de leurs émotions, de leur mental. Le yoga aide à libérer l'esprit des contraintes du corps par la maîtrise des mouvements et par la respiration. Là encore, celles qui n'ont jamais pratiqué cette discipline vont apprendre à gérer leur souffle et leur mental.

À Paris, Annecy, Chamonix, et bientôt à Grenoble, nous avons créé des cours de yoga qui leur sont réservés ; l'opportunité, au-delà du séjour à la maison Vallot, de garder le contact, de rester dans la dynamique. Elles sont plus d'une cinquantaine de femmes à suivre régulièrement ces séances. Il était important de leur permettre de conserver un lien, et que les activités soient gratuites aussi, afin que toutes puissent y participer. Malheureusement, certaines regrettent de ne pas pouvoir se rendre aux cours ; problèmes de transports ou d'horaires… La maladie a souvent pour « effet domino » de lourds problèmes financiers. Non seulement elle coûte cher, mais, en outre, certaines femmes perdent leur travail.

Le premier cours de yoga débute. Les femmes sont assises en tailleur sur des tapis colorés. Dehors, le vent s'est levé, la neige s'est remise à tomber. Blanche, la professeure de yoga, leur parle du *sankalpa*. Sa voix est une caresse.

– Le *sankalpa* est la formulation d'une intention, d'une volonté, permettant d'atteindre un but défini. Il met en cohérence nos ressources conscientes et inconscientes. Il y a plus de 2 500 ans, le Bouddha l'exprimait ainsi : « Nous sommes ce que nous pensons. Tout ce que nous sommes résulte de nos pensées. Avec nos pensées, nous bâtissons notre monde. »

En sanskrit, et dans la philosophie indienne, ce mot signifie planter une graine, une idée, et la laisser mûrir jusqu'à ce qu'elle croisse et influe sur sa réalité. La discipline est utile à tous, et plus spécialement aux femmes à qui elle permet de visualiser une suite, un « après » la maladie. Souvent, leur *sankalpa* va concerner leur santé et marquer l'envie d'entreprendre de nouvelles choses. Blanche précise avec une indéfectible assurance : « On ne perd plus son temps, on est en vie ! » C'est la volonté qui sous-tend, le *sankalpa* qui permet de l'atteindre. Votre *sankalpa* fera de vous le co-créateur de votre vie.

Les femmes apprennent à étirer leur corps ; en douceur. Les mouvements sont fluides, gracieux. Nombre d'entre elles ne peuvent plus étendre un bras, elles ont perdu en souplesse. Elles n'aiment plus leur corps, sont déconnectées de leur féminité. L'objectif est, là encore, de travailler le souffle et de les initier au *pranayama* qui consiste en des exercices de respiration.

Blanche les invite à s'exercer à l'un des *pranayama*, particulièrement important pour elles.

– Le *nadi shodhana* est très efficace pour soigner les insomnies.

Les femmes sont concentrées pour cet exercice de respiration « en carré » qui utilise la fermeture alternée d'une narine puis de l'autre.

– Inspirez, gardez l'air, expirez, restez dans le vide d'air. Comptez six secondes par étape.

Je participe rarement aux cours, même si je passe souvent voir comment ils se déroulent. J'aime les observer, sentir leur corps se détendre, leur regard s'épanouir, leur esprit retrouver la paix. Généralement dès le premier cours, leur visage s'allège, se détend. Elles ressortent apaisées et transformées.

Le soir, le groupe est de nouveau réuni dans le salon des confidences. Les poissons rouges virtuels ont disparu. Un joli feu de cheminée danse désormais sur l'écran plasma, au grand bonheur de Nadia ! Les joues ont rosi depuis hier, les complicités naissantes sont visibles.

Dans ce véritable parcours du combattant, nombre de femmes ont dû monter seules au front. Face au cancer, il est vrai que le rôle des accompagnants est rude. L'incompréhension, l'attente, la colère sont difficiles à gérer lorsque le trouble affectif s'ajoute à la maladie.

– Mon mari a eu un cancer il y a quatre ans. Ça a été très difficile pour moi de le voir souffrir. Je me sentais si impuissante à le soulager. J'avais tellement peur de le perdre. Maintenant les rôles se sont inversés et je réalise que même si c'est très dur, c'est moins pire, constate Julie.

La maison Vallot est une sorte de refuge, de cocon amical. Ces femmes, que rien, *a priori*, n'aurait rapprochées dans leur « vraie vie », nouent de belles complicités. Et puis la magie opère. Elles se comprennent, la bienveillance et la tolérance règnent en maîtresses, et si l'une s'énerve, les autres trouvent des excuses à sa colère. Souvent, elles redécouvrent une capacité oubliée à la légèreté, elles jouent, dansent, plaisantent de tout et surtout de leurs maux. Ici, leur solitude, souvent immense et difficile à vivre, n'a pas lieu d'être.

Que de fous rires ! Comment ne pas se souvenir de Sandrine, cette femme à l'humour décapant ? C'est elle qui avait baptisé la grosse boîte de Kleenex trônant dans le salon des confidences « la cellule psychologique ». Comment oublier le récit de Sophie expliquant qu'un jour où elle nageait à la piscine, elle avait cru voir une méduse ? En fait, il s'agissait de sa prothèse qui s'était échappée de son maillot et flottait à ses côtés ! Et l'anecdote rapportée par Florence qui, courant pour attraper un métro, réalisa que ses prothèses avaient glissé sur son ventre. Elle avait remis ses seins en place sous le regard interloqué d'un jeune homme !

La soirée se termine avec la projection de photos retraçant les moments forts de la journée. Ernest, lové sur le canapé rouge, étire longuement son corps de félin domestique, bercé par les rires et les blagues qui fusent à chaque image projetée. Ce moment est important. Il rassemble, permet à chacune de se réapproprier son image, d'en rire aussi car souvent les photos prises sur le vif sont cocasses et les femmes n'y sont pas toujours à leur avantage. Toutes y sont pas moins, tour à tour, touchantes, belles ou grimaçantes, et toujours pleines de couleurs avec leurs tenues de montagne. Qui pourrait imaginer la maladie derrière l'arc-en-ciel qu'elles forment, leurs postures sportives, leurs larges sourires ?

Trois photographes, Jérôme, Sébastien et Karine, se relaient au fil des stages et assurent presque tous les séjours. Ils ont l'habitude ; ils savent se faire discrets lorsqu'il le faut. Certaines femmes ont encore des difficultés avec leur image. Ils l'ont compris. Ils se laissent adopter, ne forcent rien, encouragent, complimentent. Au final, ce sont souvent les femmes qui demandent elles-mêmes à être photographiées avec leurs nouvelles amies.

Accepter de voir son reflet, de le partager, participe à la reconstruction de l'estime de soi, à la réparation de son image. Chaque soir, les clichés sont triés et postés sur le site internet de l'association. Ainsi les enfants et les proches peuvent découvrir leur maman, leur conjointe ou leur amie en pleine randonnée, raquettes aux pieds, ou accrochées à la paroi. Les voir s'épanouir, rire, crapahuter ou grimper est une immense consolation pour ceux qui ont accompagné leur chute et partagé leurs angoisses. Ces photos témoignent de leurs capacités nouvelles et font naître des sentiments de fierté et d'admiration.

Dès les premiers stages d'enfants, il y a près de vingt-cinq ans, j'avais saisi l'intérêt d'Internet pour rassurer les parents. Au début, je passais des heures à trier les dizaines de clichés du jour. Et lorsque j'allais d'hôpital en hôpital, je trimballais mes carrousels bourrés de diapositives.

Avant de quitter le groupe de femmes au terme de leur deuxième journée, je lance à la cantonade une boutade au parfum de vérité :

– Qui dit plaisir dit immunité ! Alors, en avant pour le plaisir, et sans modération ! Le plaisir recharge en énergie, rend joyeux et reconnecte le corps !

Chaque soir, je demanderai à l'une d'elles de me désigner ses « quatre P », ses quatre plaisirs.

Anna, si réservée à son arrivée, s'enthousiasme, et ouvre le bal des quatre *kifs* du jour !

* * *

Les quatre plaisirs de la journée d'Anna :

- Arriver dans la salle de yoga et découvrir, à travers les grandes baies vitrées, la montagne, les arbres aux branches chargées de neige, la statue du Bouddha. L'impression soudaine d'être en communion avec l'univers.
- Le réconfort de la douche chaude, en pensant que, depuis un an, j'ai traversé de longues périodes (sept semaines durant la radiothérapie) sans pouvoir me laver le haut du corps.
- Déguster une soupe « faite maison », avec des légumes bios.
- L'incroyable communion avec les autres femmes lors de la séance de qi gong. Un peu troublant de sentir cette énergie qui circule entre nous…

Chapitre 4

Quand le courage abat les peurs

Comment se protéger et profiter de la vie lorsque la peur de mourir est omniprésente ? Parler, mettre des mots sur ses émotions, partager ses craintes, permet de calmer les angoisses. La peur, cette émotion majeure qui a la capacité de paralyser ou de transcender pour vivre encore mieux et se sauver… sans fuir ! L'épreuve ultime, la maladie, sont des occasions de prendre la pleine conscience de la préciosité de chaque instant.

Plusieurs des femmes rencontrées hier s'en ouvriront à moi. Je leur rappellerai qu'il est possible que je meure avant elles. Quoi de plus inéluctable et de plus incertain ? Plus la peur de mourir est présente, plus il faut vivre l'instant. Je ne leur parle jamais de ceux qui sont venus et nous ont quittés. Nous savons que c'est arrivé et que ça arrivera encore. Alors, que dire de plus ?

Je n'ai malheureusement pas de baguette magique. C'est hélas la limite de ces séjours. Même si je le sais, je ne veux donner place qu'à la vie. Certains vont obligatoirement partir, mais ils sont une minorité, heureusement, au regard du grand nombre de celles et ceux qui vont bien et retrouvent une vie normale. Le seul remède pour supporter ces départs est de vivre et de comprendre que le chemin de l'autre n'est pas le sien.

Tous ces enfants, toutes ces femmes, je les aime. Pourtant, j'essaie de ne pas trop m'attacher. Je dois me protéger, comme tous les médecins. C'est notre mission, mais elle reste difficile. Certaines femmes deviennent évidemment des amies. Je suis toujours aussi émue par les témoignages que nous recevons. Les années n'y changent rien, l'expérience non plus, d'ailleurs !

Savoir qu'on a aidé des femmes, des enfants, des familles, voir des jeunes gens revenir dix ou vingt ans après, est extrêmement réconfortant. Ils sont toujours émus de retrouver la maison Vallot, de me retrouver, de renouer avec le sentiment qu'ils ont vécu ici, avec la magie de ce séjour qui les a libérés de leur image et leur a permis d'ouvrir un nouveau chapitre de leur vie, comme un nouveau départ. C'est ce qui me donne la force de surmonter le chagrin à l'annonce de certains départs.

Et puis, je sais que ceux qui nous ont quittés sont à présent nos guides, nos anges. J'aime les savoir là ; je les ressens. Je ne les oublie pas. Les liens sont si forts qu'un rayon de soleil, un mot, une odeur les réveillent à tout instant.

Jamais je n'oublierai la petite Cécile. Trop fatiguée pour faire son ascension, et si déçue de m'empêcher d'accompagner les autres. Alors nous étions parties toutes les deux pour escalader une butte minuscule, mais qui avait été son sommet à elle. Je lui avais glissé à l'oreille : « Celui-là, c'est le sommet de Cécile ; il est super beau et je ne l'avais jamais fait. » C'était une première ! Elle retrouva le sourire mais nous quitta peu de temps après. Cécile avait 10 ans.

Je pense à Éric, un jeune garçon à la personnalité particulièrement attachante. Depuis l'âge de 12 ans il se battait contre une leucémie. Après une courte rémission, il avait rechuté. Pour sa deuxième rémission, il était venu à Chamonix. Éric avait 16 ans, d'immenses yeux bleus, un beau crâne chauve et un sourire à faire craquer un iceberg ! Il en brisa des cœurs en moins d'une semaine de stage ! Il rechuta alors que je préparais le projet au pôle Nord. J'étais allée le voir à l'hôpital. Alors qu'il était prisonnier de sa bulle, dans sa chambre stérile, nous avions scellé un pacte : chacun de nous allait mener son combat de son côté, et nous nous retrouverions à mon arrivée, là-bas, sur la banquise.

J'ai marché pour lui. Mes pas avaient enfin un sens. Je l'informais jour après jour de ma progression. À mon arrivée, après deux mois de traversée, il était là, les yeux brillant d'enthousiasme. Pour lui, le défi était énorme : encore chauve, il sortait tout juste d'une grosse cure de chimio. Il n'imaginait pas la prochaine étape de la greffe sans être « passé par le pôle Nord », comme il disait. Plus tard, il m'avouera sa terreur à l'idée d'entrer un jour dans la vraie vie. Au fil des années, l'hôpital était devenu sa deuxième famille. Il nous a finalement quittés.

Et il y a aussi Nora, 10 ans, une petite Algérienne qui m'écrivit l'un des premiers messages bouleversants pour témoigner des bienfaits de son séjour à Chamonix :

« Je suis bien arrivée à la maison. J'étais contente de retrouver mes parents et mes frères, mais j'étais triste loin de toi car je pensais aux moments très agréables qu'on a passés ensemble. J'avoue que jamais je n'oublierai la semaine que j'ai passée avec toi. C'était une semaine de joie, et de bonheur pour moi, qui restera gravée dans ma mémoire pour le restant de ma vie.

Tu m'as aidée à retrouver mon chemin de guérison, ma joie de vivre et oublier ma maladie, je ne te remercierai jamais assez pour moi.
J'ai cru dans ma tête que tous les enfants malades ne pourront pas ni réagir, ni arriver à quoi que ce soit comme les enfants en bonne santé, mais toi tu nous as montré le contraire.
Nora qui t'aime et t'adore. »

Même si des centaines de marques d'amitié m'ont été adressées depuis, la lettre de Nora est de celles que je conserve précieusement, dans mon cœur et dans un tiroir de ma chambre. Elle me rassure, me conforte dans le chemin que j'ai choisi de suivre. Ce petit mot m'a convaincue de continuer. Lors des premiers séjours, je n'avais pas même songé à créer une association ! Les premiers pas ont été compliqués ; je découvrais le monde associatif, un univers pas toujours facile…

Et Cédric ! Il avait 10 ans, aujourd'hui il en a 32 et m'appelle encore son « rayon de soleil ». Je me souviens de ce gamin qui me répondait invariablement, sur un ton soumis et monocorde : « Oui d'accord, d'accord ». Toujours il disait cela. Mantra du petit garçon résigné à subir. « Oui d'accord, d'accord ». Aujourd'hui ses « oui » sont enthousiastes et choisis… parce qu'il a appris à dire « non » !

Et Jérémy, 6 ans ! Il est un peu notre mascotte. Je revois ce film sur l'association projeté à *La Marche du siècle* sur FR3. Jérémy a fait rire tout le monde. Il était plus enthousiaste à la perspective de manger dans le TGV, qu'à celle d'aller à la montagne ! Il disait vouloir être cuisinier quand il serait grand. Ce qu'il est devenu ! Un peu plus loin dans le reportage, assis dans l'eau d'un torrent, le visage bouffi par son traitement à la cortisone, de sa petite voix, il criait à la ronde : « Tu crois que c'est chaud ou que c'est froid ? »

Suite à l'émission, le maître d'hôtel du *Crillon* avait appelé pour inviter Jérémy à découvrir les cuisines du palace parisien et à y déjeuner avec ses parents et le professeur Baruchel. C'est grâce à ce petit bonhomme gourmand et spontané que j'ai rencontré Philippe Lebœuf, à l'époque directeur du *Crillon*, aujourd'hui directeur général du *Mandarin Oriental* et président de notre association depuis 2014. Au fil des années, Philippe, du haut de son mètre quatre-vingt-dix-huit, est devenu un grand frère, fidèle et investi dans À Chacun son Everest !. Il a succédé à Jean-Pierre Davaille, président de l'association pendant vingt ans qui, tel un père bienveillant, m'a accompagnée, rassurée et donné sa confiance.

C'est ce film, réalisé par Pierre-Jean Rey et Nicole Jamet, qui m'a fait prendre la pleine mesure de la magie des séjours. J'en étais actrice mais sa projection m'a permis d'être spectatrice. La sensibilité et la justesse de leur regard, la force des mots et des images m'ont fait toucher du doigt l'invisible petit miracle qui germait là, dans le cœur de chaque enfant.

Des années durant, un extrait de ce film me servira chaque fois que je devrai présenter notre action. Jérémy en était bien sûr la vedette, si émouvant lorsqu'il chantait sa comptine. Il me suffit d'y penser pour entendre sa voix fluette fredonner : « Regarde, j'ai la machine toute cassée, tous les boutons sont déréglés, je peux plus marcher. J'étais foutu, foutu foutu, j'en pouvais plus. J'avais du sang, du sang, c'était horrible évidemment. Regarde tous les kilos de sparadrap qui font la course sur mes bras. Je peux même plus marcher… »

Je suis la vie de ces enfants, de loin, toujours présente pour eux s'il le faut. J'admire leur courage. Ils doivent se battre sur tous les fronts : affronter les séquelles de la maladie, mener leurs études puis aborder le monde du travail, gérer la fatigue chronique, les hauts et les bas, et pour certains, les rechutes.

Le rapport à la mort semble un peu mieux vécu par les enfants. Tout du moins, ils en parlent peu. Leur insouciance, peut-être, même s'ils en ont si peu pour leur âge… Les très jeunes enfants n'ont pas conscience de la mort, pour eux l'immortalité semblerait plus naturelle.

Je me souviens de cette petite fille qui me posa un jour une question déconcertante : « Dis Christine, pourquoi la vie elle dure pas toujours ? »

Que répondre ?

Les enfants qui ont affronté le cancer connaissent déjà la douleur de perdre des copains. Leur plus grand désarroi est d'imaginer la peine de leurs parents s'ils venaient à disparaître. Alors ils les protègent, comme ils le peuvent. Souvent, ils minimisent ou masquent leurs douleurs, pour les préserver. C'est leur force incroyable qui m'a donné l'énergie de continuer, de faire grandir l'association, pour permettre à un maximum d'entre eux de venir séjourner à Chamonix.

Si les femmes se sentent souvent bousculées dans leur féminité, les enfants sont dépossédés de leur enfance, catapultés dans la réalité des grands.

J'ai accompagné plusieurs personnes à la fin de leur vie. Ma mère, ma grand-mère, mon père, ma cousine, mes amis Gérard, Sarah, Philippe. Ce sont des moments intenses et douloureux, mais qui peuvent devenir plus doux et plus sereins. Je reste portée par le sourire de ma cousine. Véronique est partie en paix à 61 ans, il y a peu. Elle était venue à Chamonix suivre le stage, avant de rechuter quelques mois plus tard. Bien que présente, bien sûr, la douleur de ses filles, de son mari, s'était peu à peu transformée en énergie courageuse et pacifiée. Ils ont préparé leurs adieux ; ils ont pu se dire, se parler, se promettre. Elle les a guidés, comme elle les guidera toujours. Véronique était une femme déterminée, pleine d'humour et qui avait son franc-parler.

« C'est la force que maman a montrée qui m'aide chaque jour », dit aujourd'hui sa fille d'une voix claire.

J'ai appris à oser dire la fin, à bousculer, pour permettre de ne pas « gâcher » les ultimes moments, avant qu'il ne soit trop tard. Avec ma mère, je n'ai pas pu le faire. Je n'étais pas prête. Je ne savais pas.

Je sais que je peux aider dans ce moment-là. Je sais combien cela peut soutenir ceux qui restent et doivent se projeter dans leur vie future. Aider ceux qui partent à aborder ce passage en paix. Et aider ceux qui restent à être confiants dans la vie. C'est un beau chemin, pour qui parvient à l'emprunter. Ce n'est ni simple ni toujours possible, mais il est tellement plus paisible de partir sans peur.

La qualité des échanges, du contact et de la présence est essentielle dans le soin et l'accompagnement des grands malades et des mourants. Le livre de Marie de Hennezel, psychologue clinicienne et écrivain, *La Mort intime*[1] a été pour

1. Marie de Hennezel, *La Mort intime*, Pocket 2006.

moi une révélation. Il m'a fait comprendre les soins palliatifs et l'accompagnement, m'a aidé à modifier mon appréhension de la mort.

Pour les bouddhistes, mourir fait partie intégrante du processus de la vie. Cette conviction est la mienne aujourd'hui, même si dans nos sociétés occidentales la mort reste une immense peur collective. La vie et la mort sont les deux extrémités d'un même processus. Comprendre la mort, c'est comprendre la vie.

Cette terreur, ce sentiment d'être projeté dans le vide, nous allons l'affronter ensemble dans la salle d'escalade de la maison Vallot.

Beaucoup ont peur d'avoir peur ! Alors qu'affronter ses peurs permet de les surmonter. À chaque séjour, des femmes disent avoir le vertige, assurent qu'elles n'y arriveront jamais. Chaque fois, je mise pourtant sur elles. Et à ce jour, j'ai gagné presque tous mes paris. Elles seront toutes capables de grimper, puis de descendre en rappel, sans chuter dans le vide.

Dès 9 heures 30, nous nous retrouvons dans notre vaste salle d'escalade de 150 mètres carrés. De l'extérieur, personne ne peut imaginer les parois verticales hautes de plus de douze mètres. L'infrastructure est partiellement en sous-sol et le bâtiment niché derrière la maison, avec son bardage en bois, est en harmonie avec le paysage. On y accède par un petit passage extérieur. Il s'agit, à ce jour, de la seule installation de cette envergure spécialement adaptée pour les débutants, et bien sûr pour les enfants et les personnes présentant un handicap. Contrairement aux salles classiques, la nôtre propose de nombreuses voies d'initiation, dont le degré de difficulté va de 3 à 5. Pour autant, certaines voies cotées 6 offrent largement de quoi forcer sur les avant-bras (les passionnés grimpent des voies allant du septième au neuvième degré) ! Au total, la salle présente une surface d'escalade de plus de 500 mètres carrés, vingt-cinq voies différentes, plus de trois mille prises artificielles et un équipement de pointe : arche centrale équipée d'un treuil permettant aux enfants à mobilité réduite de se faire hisser en haut de la salle et d'en descendre en rappel ; plans inclinables montés sur système hydraulique afin de moduler le niveau des voies ; zone de bloc pour s'initier aux différentes techniques d'escalade ; « peau à grimper » imitant la roche naturelle et une *via ferrata* qui court tout autour de la salle, passe par l'intérieur des parois et intègre une tyrolienne. Ainsi, en cas de mauvais temps persistant, la salle prend le relais du « parc aventure » qui équipe les arbres du jardin. Toutes les personnes qui entrent dans notre « grotte » sont impressionnées, par les couleurs, par l'espace, par la variété des voies.

Nous disposons de cette salle depuis l'été 2007. Un été d'une pluviosité extrême avec des journées diluviennes où les activités ont pu se dérouler bien au sec. Depuis, nous n'avons plus la moindre appréhension des aléas climatiques. Notre solution de repli est idéale.

Comment évoquer cette salle d'escalade sans évoquer mon ami Serge Riou, un autre passionné de montagne. Il a créé les centres d'escalade urbains MurMur, qui ont pour slogan : « Tout le monde grimpe ». Je lui ai apporté mon aide alors qu'il réfléchissait à son projet et j'en ai été la marraine à l'ouverture, en 1995. C'est tout naturellement qu'à son tour Serge m'a aidée à créer notre propre salle. Le large puits de lumière qui éclaire les parois est l'un des fruits de ses conseils judicieux. Serge est parti lui aussi. Trop brutalement.

Le regard des femmes à l'entrée de la salle d'escalade trahit leur surprise de découvrir une installation aussi sophistiquée et imposante.

– Une vraie montagne d'intérieur ! s'esclaffe Béatrice.

Guides et sportifs bénévoles vont les encadrer à mes côtés. Les filles sont équipées de baudriers, de mousquetons et de chaussons d'escalade. Sur la mine de certaines, on lit déjà une peur difficile à contenir. Dès le début du cours, avant même de grimper, Cyrille et Tristan, nos deux guides, font la démonstration de l'assurage, de la descente en rappel et de la facilité à lâcher des mains la corde ou la paroi. Ils apprennent ensuite aux femmes à assurer leurs copines et à descendre.

– On ne monte pas si on ne sait pas descendre ! annonce Cyrille d'une voix douce mais ferme.

Une étape préalable consiste à leur enseigner le fameux nœud de 8 par lequel elles pourront attacher la corde au baudrier. Savoir assurer est l'étape suivante, en répétant ce fameux temps en quatre gestes, et aussi à s'exercer à se laisser descendre, même à deux mètres du sol !

Et c'est parti pour leur premier sommet ! Certaines vont lâcher, pleurer, une fois le haut de la paroi atteint. D'autres vont renoncer. D'autres encore y reviennent, s'acharnent. Nous allons les accompagner pour passer ce cap, pour faire ce pas gagnant qui les rendra fières. La force du groupe, les liens tissés en vingt-quatre heures vont les porter. Leur énergie va se déployer. Elles ne s'y attendent pas. Toutes vont vaincre leur appréhension du vide. Même Nadia, tétanisée à la simple vue de la paroi, et Élodie, paralysée par le vertige. Au final, toutes les deux grimperont le mur d'escalade. Les unes assureront la progression des autres, garantes de leur sécurité. Les descentes en rappel se succèdent, s'accélèrent. Je prends plaisir à les accompagner, à grimper à leurs côtés ; si elles doutent, je les rassure pour les aider à trouver la bonne prise et éviter qu'elles ne se fassent trop de frayeurs, à plus de douze mètres du sol.

La peur du vide s'estompe peu à peu. Élodie ouvre les bras et se laisse aller dans le vide, solidement assurée par Sandrine qui contrôle avec soin le défilement de la corde. Elle vole littéralement, jette sa tête en arrière, ses cheveux bruns flottent dans les airs. Elle découvre la jouissance du vide et l'atterrissage la laisse allongée au sol, les yeux mi-clos, un sourire de bien-être sur les lèvres.

Sandrine incite Béa à donner du mou sur la corde.

– Plus vite, Béa, c'est trop génial, je plane !

Le sentiment de liberté fait briller les yeux. Les pleurs se mêlent aux embrassades et aux éclats de rire. Chaîne de solidarité, cordée invisible et déjà si solide. Les émotions font céder les barrières, les limites qu'on s'était mises s'effondrent. Elles réalisent qu'elles peuvent aller plus haut, plus loin. Elles réalisent qu'elles peuvent le faire ! Nous faisons trop souvent des suppositions négatives qui nous limitent.

Leur fierté est palpable, la victoire de l'une devient celle de toutes les autres. Martine, des larmes plein les yeux, le regard braqué sur la paroi qu'elle vient de vaincre, confie :

– C'est aussi toutes mes peurs passées que je lâche.

Grimper oblige à faire le vide dans sa tête, à ne penser à rien d'autre. Et une fois l'appréhension surmontée, l'escalade déstresse véritablement.

Certaines gardent des terreurs profondément ancrées : la mort, la souffrance, les regards, les mots qui dévalorisent, les peines refoulées.

Béatrice, pleine de malice et d'entrain, raille Cyrille qui, de sa voix de stentor, prévient que la prochaine annonce sera rude, car l'exercice ardu...

– Oh ! vous savez, côté annonces rudes, on est entraînées ! Vous pouvez y aller !

Rire général, toutes ont percuté à la seconde... mais pas Cyrille qui marque un temps d'arrêt. Cette femme arrivée pleine de réticences, exprimant son angoisse constante de la récidive, se révèle pleine d'humour et riche de ressources dont elle était la seule à ne pas avoir conscience.

– J'avais les cheveux très longs, il a fallu les couper (larmes). On m'a dit : c'est rien, ils vont repousser. Bah ! oui, c'est vrai (haussement d'épaules). Et à une copine, on a balancé, après sa mastectomie : de toute façon t'avais de petits seins (gros soupir) ! Les médecins vous assurent : on va vous soigner, vous allez vous en sortir. Mais les banquiers, eux, vous répondent : on peut plus vous faire le prêt ! (moue d'impuissance).

Croyez-moi, avec le sens de la dérision qui est le sien, Béatrice ferait salle comble si elle mettait en scène son cancer et ses peurs !

Pour clore cette journée où le courage a battu en brèche tant de peurs, Cyrille et Tristan les entraînent dans la vertigineuse *via ferrata* à travers la salle d'escalade.

Je songe à notre belle maison, à son histoire, à notre combat pour en faire cet écrin de bonheur. Elle fut jadis la demeure de Joseph Vallot (1854-1925), un grand scientifique humaniste du mont Blanc. Aujourd'hui sa demeure est le plus beau des refuges, le camp de base de femmes et d'enfants qui guérissent les blessures de leur âme par l'énergie de la montagne. Je veux croire qu'il en est heureux. Ce scientifique passionné et un peu austère avait découvert le mont Blanc en 1875. Un coup de foudre qui l'avait mené à ne plus le quitter. Son obsession : prouver qu'il était possible de vivre en altitude. Il installait des échelles pour faire franchir les crevasses aux femmes en robe longue. Chapeau bas à ces explorateurs qui affrontaient la montagne vêtus de vestes en tweed ! Joseph Vallot avait réalisé sa première ascension en 1881 et rapidement envisagé de faire construire un observatoire-laboratoire où il pourrait se livrer à des expériences scientifiques, à une époque où les médecins estimaient qu'il était très dangereux pour la santé de s'endormir en haute altitude. Certains prédisaient même une mort certaine. En 1887, pour démontrer qu'il était possible de vivre, dormir, manger et travailler à une si haute altitude, Vallot et ses guides avaient passé trois jours et trois nuits sous tente au sommet du mont Blanc. À leur descente, l'accueil avait été triomphal. Joseph Vallot continua ses observations et créa un refuge-laboratoire au niveau de l'arête des Bosses, 450 mètres en dessous du sommet du mont Blanc. Ce premier observatoire, à 4 362 mètres, fut achevé fin août 1890. Un deuxième refuge, la cabane Vallot, réservé aux guides et aux ascensionnistes, sera construit en 1892, quelques mètres plus haut.

Si, en 1997, nous avons la chance d'avoir pu y ancrer l'association À Chacun son Everest ! c'est au maire de Chamonix de l'époque, Michel Charlet, que nous le devons. Le « croisé de Chamonix », comme titra un jour *Le Point*. Sans son intervention bienveillante et le classement de la maison au patrimoine de France, nous n'aurions jamais pu obtenir de bail. Le terrain de 6 000 mètres carrés, idéalement placé à la sortie de la ville de Chamonix, attirait nombre de promoteurs. Geneviève Payot, maire adjoint déléguée à la Culture, avait soutenu notre projet face à une opposition farouche. Le classement de la maison au patrimoine, en interdisant sa destruction, détourna les convoitises. Plus tard, Geneviève viendra remettre des cadeaux aux enfants à chaque fin de séjour.

Lorsque je songe aux risques pris pour construire la maison dont nous rêvions pour l'association, je ne peux qu'être persuadée que tout est possible, si tant est que l'on ose.

Je pense à Jean-Pierre Guitton, un homme bourru, qui a mis tant de cœur dans cette construction. Je l'ai vu piquer des colères mémorables, porté par la volonté farouche de tout mettre en œuvre afin que les travaux soient achevés à temps.

J'étais pour la première fois maître d'œuvre d'un chantier que j'ai suivi de près une année durant. Je négociais avec les entrepreneurs et l'architecte, cherchais des financements, imaginais la structure idéale pour recevoir les enfants. Il nous fallait 12 millions de francs pour transformer la maison Vallot. Au démarrage du chantier, je n'en avais qu'un ! Si nous avons réussi, je le dois à nos partenaires et à la formidable cordée de solidarité qui s'est formée dernière nous.

Et nous avons même tenu les délais, inauguré la maison à la date convenue, et pu accueillir le premier stage d'enfants dans la foulée, après une année de travaux. Le rythme fut infernal jusqu'à la toute dernière minute. Les volets furent vissés la veille de l'inauguration alors que les électriciens étaient encore à pied d'œuvre pendant que j'assurais un tardif dîner avec des partenaires !

Je me souviens de la mine sceptique d'Axel Ganz, président de Prisma Presse (aujourd'hui Prisma Media). Venu visiter le chantier une semaine avant l'ouverture, il semblait très dubitatif. Son groupe avait offert un million de francs pour aider au financement des travaux et tout laissait à penser que le délai serait intenable. Ça ne l'empêcha pas de nous faire livrer pour l'ouverture une table de baby-foot dont, ni lui ni moi n'imaginions alors le succès auprès des enfants ! Aujourd'hui encore, Rolf Heinz, l'actuel président de Prisma Media, et ses équipes restent tout aussi attachés et actifs à nos côtés.

Tous doutaient, avec raison. Tous voulaient décaler l'ouverture. Hors de question ! Notre premier séjour démarrerait dès le lundi suivant. Je trouvai les bons arguments pour motiver le responsable du chantier :

– Si les travaux ne sont pas bouclés à temps, je te laisserai le soin d'expliquer aux enfants que leur séjour est annulé !

J'avais une solution de repli pour loger les enfants à l'UCPA, mais je n'en ai touché mot à personne…

Le week-end précédant l'inauguration fut sûrement l'un des plus animés qu'ait jamais vécus la maison Vallot. Catherine Michaux, de l'agence Téquila du groupe TBA (ex BDDP), eut l'idée magique de faire venir toute son équipe pour nettoyer les lieux. Plus de quatre-vingts volontaires virevoltèrent en tous sens pour briquer, astiquer et balayer. Nettoyer un chantier de 1 200 mètres carrés en un week-end, bravo ! Le lundi, les entreprises n'avaient plus d'autre choix que de terminer leur intervention dans le temps imparti !

Le 24 juin 2001 au matin, une pluie torrentielle s'abattait sur la vallée. Nous ne méritions pas un tel déluge le jour de l'inauguration. Pour la première fois, je craquai. J'étais en pleurs ; l'épuisement sûrement, après des mois d'un engagement sans faille. Plus de six cents personnes (enfants, parents, famille, partenaires et amis) étaient attendues à 11 heures dans le jardin de la maison. Le pique-nique allait tomber à l'eau, c'était le cas de le dire. Je contemplais notre belle demeure au travers d'un rideau de pluie et maudissais Zeus et tous les dieux de l'orage !

Cette fois encore, la magie de l'Everest ne me trahira pas. Au fil des heures, la pluie devint plus fine, pour cesser aux premières notes de *La terre est si belle*. Hugues Aufray, administrateur fidèle de l'association depuis l'origine, entouré d'une soixantaine d'enfants de l'association, chanta en s'accompagnant de sa seule flûte de Pan.

« *Toi qui sais chanter avec le vent,*
Toi qui connais les sables et l'océan,
Les forêts sauvages, les aigles et les loups,
De rives en rivages,
Souviens-toi de nous… »

Le plus beau des baptêmes. La musique chassait les nuages sombres derrière les montagnes. Une éclaircie déchira soudain le ciel de ses rayons revigorants. Les enfants reprenaient le refrain. Je les observais, une boule au fond de la gorge. Jamais je n'oublierai ce moment. Leurs mines graves, leurs yeux brillants, la joie maîtrisée, comme s'ils savaient participer à un instant unique, pour eux, et pour tant d'autres qui passeront par la même épreuve que la leur.

« *La Terre est si belle,*
Le monde est si grand,
Va mon hirondelle,
Sous l'aile du vent.

La Terre est si belle,
Le ciel est si grand,
Va mon hirondelle,
La nuit descend. »

La derrière note s'était s'enfuie par le jardin et avait grimpé vers les sommets. Les regards s'étaient tournés vers moi. Je devais parler, tous attendaient dans un brouhaha attentif. Ma vie de marcheuse m'avait appris le silence, la méditation. L'association m'obligeait à me confronter à la foule.

– J'ai voulu que cette association soit libre, pour que rien ne nous empêche de faire ce que nous devons faire. Cette maison, nous ne l'avons pas faite seuls ; nous l'avons faite avec vous tous. Merci aux enfants qui m'ont donné cette force. Quand on défend une grande cause, il faut aller jusqu'au bout. J'ai entendu dire que c'était trop beau, trop cher, mais rien ne l'est jamais pour des enfants qui sont passés par là d'où ils viennent.

Tour à tour, ceux qui m'avaient soutenue dans l'aventure s'exprimèrent. Porte-parole du cœur, anges à leur tour.

Véronique, maman d'Éric, cet adolescent dont le combat avait été si long, et qui, malgré la rechute, nous avait rejoints au pôle Nord, Véronique nous offrit le témoignage poignant d'une maman courage, digne et généreuse.

– Éric m'a toujours dit : « Ce qu'il y a de formidable, maman, c'est que nous arrivons à rire de notre maladie avec d'autres enfants. » C'est ce qui me reste surtout et c'est très important. Nous ne sommes plus à répéter sans arrêt à nos enfants : « Prends tes médicaments. » En liberté et en sécurité, les enfants s'épanouissent et retrouvent une gaieté au travers de la maladie.

Je me souviens aussi des paroles prononcées par notre président d'alors, Jean-Pierre Davaille, à l'époque président du laboratoire Janssen-Cilag.

– Pour vous, les enfants, nous serons toujours présents. Toujours.

Depuis vingt-cinq ans, Janssen nous le prouve, partenaire historique, fidèle et discret, depuis mon tour du monde des sommets en 1992. À chaque changement de présidence, l'une des premières questions du personnel a été de savoir si le soutien à l'association À Chacun son Everest ! allait être maintenu. Aucun président ne nous a lâchés, jamais. Encore cette année, Emmanuelle Quilès nous a rendu visite avec son équipe. Elle aussi a été bluffée par la force que nous donnent les enfants, par la magie du lieu que nous avons créé.

Peu de temps avant la grande soirée – ou plutôt la gigantesque fête familiale – célébrant les vingt ans de l'association (2 500 invités : plus de 700 enfants et femmes, leurs familles et nos partenaires), organisée et offerte par Auditoire, et face aux rumeurs persistantes de désengagement, j'avais questionné Cyril Titeux, aujourd'hui président de Janssen pour l'Europe.

– Ce n'est pas sous ma présidence qu'on arrêtera ! m'avait-il répondu de but en blanc.

Chaque président sortant de Janssen France me présente au suivant, sorte de passage de relais protecteur. Ils sont ma cordée de présidents ! Tous sont venus à la maison Vallot, accompagner les enfants et vivre l'expérience À Chacun son Everest !. La qualité de ce partenariat est rare.

J'ai toujours été confiante. Magie des anges, peut-être. Je ne pouvais que constater que les portes s'ouvrent parfois. À présent, je sais que la foi appelle l'énergie.

Pour boucler la matinée d'escalade, les femmes empruntent le parcours de *via ferrata*, chacune en s'assurant elle-même à chaque étape de la progression. Le circuit se termine par une descente en rappel d'une quinzaine de mètres, au centre de la salle. Contre-assurées par Cyrille, elles ont gagné en assurance, en légèreté. La sensation de liberté est acquise.

Je ne me lasserai jamais d'assister à leur formidable métamorphose. Oui, la montagne participe à leur reconstruction. Les bras s'ouvrent aussi largement que les cœurs. « Je l'ai fait ! », « Je n'aurais jamais pensé… », « Mes enfants ne vont pas le croire ! »

Les réactions des enfants sont comparables. Par cette activité sportive et ludique, ils se reconnectent à leur âme d'enfant. Ils redeviennent comme les autres, capables de « faire les fous », de grimper, de sauter, de prendre les mêmes risques – en mieux ! – que les copains de l'école. L'un d'eux m'a un jour confié, avec la naïveté de l'enfance, qu'il remerciait son cancer, car sans lui il n'aurait pas pu vivre cette belle semaine ici !

Je recommande volontiers aux femmes la lecture des fameux *Quatre accords toltèques*[2]. Les enseignements du chaman mexicain Miguel Ruiz peuvent se résumer ainsi :

– Que votre parole soit juste (n'utilisez pas la parole contre vous-même, ni contre autrui) ;

– Quoi qu'il arrive, n'en faites pas une affaire personnelle (vous n'êtes pas la cause des actes d'autrui) ;

2. Don Miguel Ruiz, *Les Quatre accords toltèques – La voie de la liberté personnelle*, Jouvence, 2005

– Ne faites pas de suppositions (négatives !) ;

– Faites toujours de votre mieux (soyez indulgent avec vous-même).

Moi aussi j'ai dû faire face à mes peurs pour les dépasser. J'ai douté lorsque, prisonnière de la glace, le sentiment de danger était absolu. Je ne savais plus comment me défaire de ces crêtes de compression et de ces langues glaciaires qui poussent au pôle Nord. Surtout ne pas me faire prendre par un sérac dont la taille peut atteindre celle d'un immeuble. Je n'avais pas droit à l'erreur. Je me suis aventurée sur de longues échelles métalliques brinquebalantes pour franchir les crevasses sans fond de la cascade de glace du Khumbu – l'*Icefall*, comme on la désigne souvent –, au pied de l'Everest, sans doute la plus redoutable au monde. Un passage incontournable de l'ascension, un passage symbolique aussi, un peu comme notre *via ferrata* de la maison Vallot. J'ai toujours eu la trouille sur ces passerelles tremblantes qui se balancent à trente mètres, parfois à soixante mètres au-dessus du vide. Je l'avoue, même si j'ai toujours donné le change et fais semblant d'être à l'aise !

Mon admiration pour les sherpas qui les installent est sans borne. Sans leur courage et leur agilité, il serait impossible de grimper si haut. Il émane de ces hommes une spiritualité remarquable ; ils irradient d'un bonheur apaisant. Sans ces porteurs d'altitude népalais, la plupart des expéditions n'auraient pas lieu. Ils ouvrent la voie, équipent l'*Icefall* d'échelles et de cordes, sécurisent les passages délicats, montent le matériel dans les camps supérieurs, accompagnent les alpinistes. J'ai toujours été impressionnée de voir ces hommes grimper chargés de sacs pouvant peser jusqu'à soixante-dix kilos – ces dernières années, leurs conditions de travail se sont améliorées et la charge maximum autorisée pour un porteur a été limitée à trente kilos. Leur dévotion, leur gentillesse, leur courage pour faciliter l'ascension des himalayistes étrangers sont sans limite. Beaucoup ont mis leur vie en danger pour sauver des alpinistes en difficulté. Beaucoup sont morts en laissant des familles bien démunies. Je pense toujours à Pasang Lhamu, une Népalaise gracieuse et souriante qui m'avait accompagnée comme grimpeuse lors d'une de mes expéditions à l'Everest. En 1991, un an après mon ascension, Pasang Lhamu a été la première Népalaise au sommet de l'Everest. Au prix de sa vie et de celle de deux autres sherpas. À l'époque, son mari, Sonam, dirigeait une modeste agence de trekking. Aujourd'hui, il est à la tête de Thamserku Trekking, la principale agence népalaise.

Je ne sauterai jamais en élastique du haut d'un pont, ni même d'un modeste plongeoir de trois mètres. Je suis incapable de me précipiter dans le vide ; à mon sens, cela constitue un acte suicidaire ! De la même manière, je n'aime pas les canyons et il est hors de question que je saute de vasque d'eau en vasque d'eau ! Cette peur-là, je la connais. Pour autant, encordée sur une paroi, je ne ressens aucune frayeur. Tant que mes pieds restent en contact avec une surface reliée à la terre, ma confiance est absolue. J'ai de l'admiration pour ceux qui pratiquent le base jump ou le vol en wingsuit, même si je les pense fous ! Combien de morts au prix de ces gros shoots d'adrénaline ?

En vingt années d'escalade, je n'ai jamais dévissé. C'était mon chemin, il ne pouvait donc rien m'arriver. Même l'ours polaire venu renifler ma tente durant ma traversée du pôle Nord ne m'a pas dévorée.

Nous venions de nous arrêter après une interminable journée de marche à slalomer entre les crêtes de compression, dans un froid qui brûle les lèvres, les doigts, le nez, le front. La tente était montée, la casserole d'eau frémissait sur le réchaud et nous avions hâte de faire couler un liquide chaud dans nos gorges. Après des heures à avancer dans un froid extrême, à un rythme de métronome, ce plaisir-là est fabuleux.

Nous partions chaque matin à 8 heures précises, pour nous arrêter à 16 heures, avec des pauses de cinq minutes maximum toutes les heures et demie. Pas le temps de traîner. Nous devions couvrir vingt kilomètres par jour, or certains jours, nous n'en franchissions pas même cinq. Il nous est arrivé de dériver d'un kilomètre par heure ; nous avons ainsi reculé de cent kilomètres en une semaine et dérivé de 60° en longitude. Ce jour-là le vent soufflait à plus de 120 kilomètres/heure, Sergueï, mon compagnon de route, avait les paupières gelées et au vu de ses yeux bouffis, je craignais qu'il ne fasse un problème cardiaque. Il fallait tenir, et monter la tente relevait déjà de l'exploit. Il ne fallait rien lâcher, être dans le contrôle de chaque geste. C'est là que l'on gagne, dans ces moments difficiles. Pas quand la route est plate et confortable !

Sous notre tente, il faisait bon, c'était le meilleur moment de la journée. Un luxe absolu, mêlant repos et chaleur. À observer Sergueï, je comprenais que nous partagions le même sentiment de plénitude. Nous avions appris à communiquer en silence, par les gestes et les regards. Il ne parlait pas un mot de français, et moi, je ne comprenais pas le russe ! En l'occurrence, notre mutisme forcé fut un atout de taille, ce jour-là. Au moment où j'avalais ma première gorgée de tisane, j'entendis un bruit. Nous étions seuls au milieu de nulle part, cernés par des champs de glace à perte de vue. Et si la banquise émet parfois des craquements, il s'agissait là d'un bruit bien différent. Chaque soir, nous installions une ligne anti-ours autour de la tente : une corde à laquelle était fixé un pétard dont la goupille partait dès qu'un animal la touchait, provoquant une sonorité métallique. Nous n'avions pas eu le temps de réfléchir à l'origine du son que la silhouette d'un ours se dessinait en ombre chinoise sur la toile de la tente. Pétrifiés, nous avons cessé de respirer… Il était là, à quelques mètres, et bien sûr, nous avions laissé le fusil dehors. Les ours blancs, on ne les croisait que dans les livres, pas en expédition ! Je fixais Sergueï ; le silence était soudain terrible, pire que le cliquetis métallique de la ligne de survie. Nous attendions. Mon compagnon serrait dans sa main un pistolet de la guerre de 14, probablement enraillé, et moi un minable pétard. L'attente se poursuivait, interminable, les minutes incommensurablement longues, denses. Nous étions plus immobiles que les statuts du Louvre ! Le réchaud s'était éteint et la température chuta instantanément. Je grelottais. De froid ou de peur ? qui sait ? Et si l'ours venait fourrer sa grosse tête dans la tente ? J'imaginais le pire. Il vint effectivement renifler à la porte. Aujourd'hui encore, j'entends son souffle épais. Ce furent les plus longues secondes de ma vie. Ne pas paniquer, ne pas crier, être inexistante ! Puis il s'éloigna, à notre plus grand soulagement. Je raconte toujours que l'Eau Dynamisante de Clarins, ma petite touche de féminité, me sauva la vie ce jour-là. Grâce à son odeur boisée, l'ours ne m'avait pas confondue avec un phoque ou quelque autre proie ! Les ours polaires sont souvent si affamés que s'il nous avait vus, je suis persuadée qu'il nous aurait attaqués. En raison du réchauffement climatique, la fonte des glaces les prive d'une large partie de leur territoire et écourte leur période de chasse. Ils doivent parfois parcourir à la nage des distances phénoménales (plusieurs centaines de kilomètres) pour trouver de la nourriture et une banquise suffisamment épaisse pour supporter leur poids. L'ours, incapable de saisir un phoque dans l'eau, a besoin de la banquise pour chasser. Au rythme de l'évolution actuelle, certaines études scientifiques prédisent la réduction à deux tiers de leur population d'ici 2050, et sa disparition totale d'ici 2100. Ils étaient ma plus grande crainte durant ma traversée vers le Pôle, mais imaginer la banquise un jour orpheline de ces ours me serre le cœur.

Une semaine plus tard, rebelote, à 5 heures du matin. Cette fois, nous le vîmes approcher. Il s'était dressé sur ses pattes arrière, avait reniflé l'air, puis était reparti en chaloupant de la croupe. Puis, soudain, il avait fait volte-face ! Cette fois, nous avions le fusil à portée de main et Serguei avait tiré en l'air. L'ours s'était enfui et nous l'avions regardé partir, soulagés. Mais il s'était brutalement ravisé, avait pivoté sur ses pattes pour revenir au trot dans notre direction. Un deuxième coup de fusil l'avait définitivement dissuadé. Je ne savais plus si je devais être heureuse ou inquiète d'avoir approché ce roi de la banquise. Par la suite, je crus plusieurs fois l'entendre approcher. La nuit, lorsque la glace craquait, je sursautais. Un jour, je vis même un ours marcher derrière moi. Mirage ou réalité, je ne veux pas le savoir !

Durant toutes mes années d'expédition, ma vie était relativement simple car dans les conditions extrêmes, en montagne, sur la banquise, dans la jungle ou le désert, on est constamment dans l'instant présent : on marche, on mange, on récupère et ainsi de suite, jour après jour. L'unique préoccupation est de survivre. Les conditions ont beau être difficiles, pour autant ce ne sont pas les difficultés de la vie au quotidien. J'aime la paix de l'âme que ces conditions imposent, ne penser à rien, juste marcher. Quel repos !

En expédition, les derniers jours sont souvent les plus précieux. Au pôle Nord, tout particulièrement, même si nous avions hâte d'arriver, plus nous nous rapprochions du but, plus nous voulions ralentir le mouvement. Parce que c'est ensuite que tout devient plus compliqué. Lorsque le but est atteint et qu'il n'est plus possible de se planquer derrière la lutte primaire pour sa survie ! Lorsqu'il faut retrouver la civilisation, le tumulte, gérer les médias aussi.

Arrivée au Pôle, j'ai voulu rester avec les jeunes venus m'accueillir, si bien que j'ai loupé la liaison avec le 20 heures de TF1 ! Ça ne pouvait être ma priorité. Ma place était avec mes amis et nous avions besoin de fêter notre victoire. Ils étaient mon plus beau cadeau : Éric, Nora, Arnaud, Ludovic, Émilie, Antoine, Benoît, François et Céline. Trois d'entre eux ne sont plus là, mais je suis heureuse qu'ils aient pu vivre cette aventure, même si elle n'a pas pu les sauver.

* * *

Les quatre plaisirs de la journée de Sandrine :

- Me réveiller avec un message de mes filles : « Tu es la meilleure, Mamoune ! On est fières de toi ! »
- Le petit-déjeuner avec la vue sur les arbres enneigés, c'est beau, c'est calme, c'est reposant !

- Le bruit de la neige épaisse qui craque sous nos pas.

- La magie d'un massage, et la masseuse de dire : « On lit en vous comme dans un livre. » Ça tombe bien, je suis venue ici pour tourner la page !

Chapitre 5

La ténacité est un levier redoutable

La première randonnée en raquettes, c'est aujourd'hui que nous allons la faire. Souvent les femmes appréhendent ce moment bien davantage que les enfants. Et elles sont tout à la fois heureuses d'aller marcher, de se ressourcer dans cette belle nature sauvage. Pour nombre d'entre elles, ces montagnes sont une découverte. Notre marche du jour sera un premier palier avant le véritable sommet, leur Everest symbolique, prévu vendredi, veille de leur départ.

L'équipe et moi nous attachons à construire cette semaine comme une véritable expédition. Ce qui implique que les femmes découvrent le planning et les activités au jour le jour, jamais à l'avance. Même si elles en connaissent les ingrédients, elles n'en savent ni les dosages ni l'ordre d'intégration !

En montagne la règle du jeu est la même : il faut s'adapter en permanence à la météo, à sa forme physique, à son envie, écouter son corps, suivre ses intuitions. Toujours. Ma devise est la suivante : s'il y a un doute, il n'y a plus de doute ! Et elle ne vaut pas qu'en montagne.

Mon expérience des expéditions extrêmes m'a appris à ne penser qu'au pas suivant, à ne jamais se projeter au-delà, au risque de se décourager. Toujours et encore ce souci d'être dans l'instant, d'affronter la vie sans appréhensions toxiques, pour se concentrer sur l'essentiel : le présent. Amusant de penser à l'autre sens du mot : le présent, le plus beau des cadeaux qu'on peut s'offrir. Immatériel, universel, à portée de chacun, même des plus démunis. C'est à travers leur corps que je veux en faire ressentir la préciosité aux femmes que nous accueillons. Dans leur combat pour survivre, elles l'ont souvent oublié, vécu comme l'ennemi à abattre, ou le pire des bourreaux de l'âme. Si elles le décident, leur corps deviendra la source de ressources physiques insoupçonnées. La force du mental est une arme redoutable. Il sera mon allié dans cette reconquête.

Une large baie vitrée borde la longue table en bois clair de la salle à manger. Toutes y sont réunies pour le petit-déjeuner. L'une apporte le café, l'autre propose de goûter la confiture à la mûre sauvage. Un délice ! Dès le réveil, l'ambiance est familiale et chaleureuse.

Pourtant Martine reste en retrait, le regard absent. De grosses larmes ont noyé ses yeux. Natacha l'a remarqué. Elle s'est levée et, avec une spontanéité désarmante, elle lui lance : « Je veux te faire un câlin ! » Un pauvre sourire se dessine, les bras s'ouvrent et la magie de l'amour opère. Martine est à nouveau d'attaque.

Alvaro, le régisseur de la maison, pelle en main, ouvre un passage dans la neige épaisse qui a recouvert le parc. J'ai connu Alvaro il y a seize ans déjà, par l'entremise de mon ami Gérard.

À l'époque, la maison Vallot était en plein chantier. Il était venu donner un coup de main. Je souris au souvenir de ce jour où il est monté en haut du Prarion à skis… pour en redescendre à pied. Il n'avait jamais skié mais nous ne le savions pas ! Il était fraîchement débarqué de son Mexique natal et j'étais l'une des premières personnes qu'il rencontrait en France. Aujourd'hui, il est à nouveau à mes côtés. Alvaro est un homme de cœur, qui a compris le sens et l'esprit d'À Chacun son Everest !. Sa famille restée au Mexique lui manque ; son rêve serait de créer un lieu identique là-bas. L'été dernier, il était revenu nous rendre visite, un peu par hasard, un peu perdu aussi. Il voulait aider, or l'homme chargé de l'entretien était parti la veille… Hasard chanceux ou synchronicité de la vie qui nous remit sur le même chemin au bon moment ?

Comme la vie avait mis Gérard sur ma route à la mort de ma mère. Cet homme, acteur et décorateur talentueux, d'une générosité sans limite, m'avait appris combien la qualité du cadre et la chaleur de l'accueil peuvent apaiser les plaies de l'âme. J'ai la nostalgie de nos soirées parisiennes, de nos échanges tardifs autour d'un bon repas. Il m'avait conseillée dans l'aménagement de mon premier petit refuge à Paris où il a créé une ambiance douce qui aida à consoler ma peine. Plus tard, il mit son talent au service de la décoration de la maison Vallot. Nous lui devons les fresques mexicaines des salles de bains, les couleurs chatoyantes des chambres, le sol en *terracotta*, les bougies, les éclairages d'ambiance, le bleu sapin des volets… Il m'a initiée à tous ces petits détails qui contribuent à favoriser le bien-être du cœur. Jusqu'à lui, j'étais à des années-lumière de ces considérations-là. Ma maison, elle était alors sur les sommets !

Gérard était un homme plein d'amour. Il me manque. Il m'a appris à aimer prendre le temps de profiter de mon « chez moi ». Préparer une jolie table, décorer mon salon de bougies, tamiser les lumières, composer des bouquets de fleurs, savourer de délicieux plats simples et colorés, sont autant de moments remplis de son souvenir.

Ma mère avait été un guide, à toutes les étapes de ma vie. D'origine bretonne, elle nous a élevés avec ses valeurs de courage et de simplicité. Elle n'était pas tendre, mais très libérale. Sa confiance en nous était totale. Elle me l'avait confirmé en 1981 lorsque je lui avais annoncé mon départ pour le Pakistan où je ferai l'ascension de mon premier 8000. Elle savait pertinemment qu'elle ne pourrait pas m'en dissuader. J'avais hérité de son caractère volontaire. Alors elle avait accepté mon choix et m'avait encouragée. Je ne sais pas si elle avait vraiment conscience de là où j'allais. J'en doute, d'autant plus que moi-même je n'en étais pas consciente.

Quelques années plus tard, lors de mon tour du monde des sommets, par sa maladie – une leucémie –, elle me guidera une fois encore. Elle assistera au premier séjour d'enfants en 1994. Elle aussi est à la base de l'aventure À Chacun son Everest!. Si elle n'avait pas été malade, je ne me serais pas engagée corps et âme dans cette voie, parce que je ne serais pas allée aussi souvent à l'hôpital.

C'est mon père qui m'avait annoncé le diagnostic de son cancer en janvier 1992; je rentrais de l'Antarctique. J'avais pensé stopper mon aventure autour du monde pour rester à son chevet. Mais elle me donna le droit et la force de continuer. Pour elle aussi. Cette force, je la lui transmettais à chacun de mes retours. Ma mère fut si digne dans son combat! Et si pleine d'optimisme! Je me rappelle le jour où les résultats de l'examen avaient indiqué 5 grammes d'hémoglobine... C'est elle qui avait rassuré le médecin!

– Docteur, c'est impossible, je le sais! J'ai fait mes tableaux. Regardez, c'est très clair! Mes plaquettes et mes globules blancs n'ont pas pu évoluer autant!

Ma mère était une scientifique, rigoureuse et douée en analyse ; elle s'était acharnée à démontrer l'erreur par de savants calculs. Je ne l'ai jamais vue abattue. Elle aura tout tenté, absolument tout.

Les étapes de mon tour du monde étaient courtes, jamais plus de trois semaines, et je ne partais que lorsque je la savais en forme. Oui, ma mère m'a véritablement ouvert la porte de mon destin. Mon regret est de pas avoir pu partager avec elle tout ce que l'expérience À Chacun son Everest ! m'a appris.

Peby – Pierre-Bernard Guisez – est une autre des figures qui ont participé à ma construction. Il était une de ces belles personnes qui illuminent votre vie. Il était producteur de cinéma et très grand skieur, toujours partant, toujours enthousiaste. Nous nous étions rencontrés en faisant équipe dans un raid à skis, le Grand Défi, organisé par Alain Gaimard. Je pense avec nostalgie à ces équipées où nous dévalions les pentes comme des avions. Il m'a poussée et soutenue lors de ma traversée vers le pôle Nord. Il croyait en moi et son bel optimisme a été un autre formidable moteur.

J'avais entendu parler du Pôle par Claude Jaccoux, guide de haute montagne à Chamonix, l'un des plus anciens en activité aujourd'hui, et l'un des premiers à avoir réalisé des expéditions commerciales en Himalaya. Sa ferveur, son éblouissement encore perceptible lorsqu'il racontait l'océan recouvert à perte de vue par une épaisse banquise, avaient attisé en moi le feu de l'aventure. Il ne restait plus qu'à constituer un groupe d'une dizaine de personnes pour que le voyage soit réalisable… Avec toute ma détermination, j'ai fini par convaincre, outre Peby, Ferjeux et Éric, le compagnon de Carole, deux autres amis amateurs sans la moindre expérience du Grand Nord !

Nous eûmes pour guide Christian de Marliave. Avec vingt-cinq ans d'expéditions polaires à son actif, Cricket – son surnom – est l'un des plus grands spécialistes et parmi les meilleurs historiens de l'Arctique comme de l'Antarctique. Il a notamment participé aux expéditions du docteur Jean-Louis Étienne au pôle Nord et assuré la base arrière, à bord de la goélette *Antarctica* (devenue *Tara)*, de la plus longue traversée de l'Antarctique en traîneau à chiens. Partis de l'extrémité de la péninsule Antarctique le 25 juillet 1989, le Français Jean-Louis Étienne, un Russe, un Chinois, un Japonais, un Anglais et un Américain avaient parcouru 6 300 kilomètres, pour atteindre la base russe Mirny via le pôle Sud, en sept mois d'expédition.

Cricket est un homme discret, d'une grande humilité et d'une absolue gentillesse. C'est lui qui assura la responsabilité de la base arrière lors de ma traversée vers le pôle Nord. Il veillera sur ma progression, jour après jour. Il me communiqua sa passion de la banquise et mit tout en œuvre pour m'aider à réaliser mon défi.

Après avoir atteint le Pôle en six jours, guidés par Claude Jaccoux, de retour à Khatanga, la ville sibérienne la plus septentrionale, au-delà du 70e parallèle, nous avions croisé quatre militaires du Groupe militaire de haute montagne qui venaient de parcourir les presque mille kilomètres séparant les rives de l'océan Arctique du pôle Nord. Au terme de cinquante-cinq jours de marche, Antoine Cayrol, Antoine de Choudens, Francois Bernard dit Ben et Bernard Virelaude ont été les premiers Français et la troisième équipe au monde à atteindre le

Pôle en totale autonomie. Leurs regards brillaient de l'intensité de l'exploit qu'ils venaient d'accomplir. Cette jubilation, je la connaissais, je la reconnaissais. Elle est un formidable stimulant, la drogue des aventuriers ! Peby avait capté cette énergie invisible. Je me souviens parfaitement de ses paroles d'alors : « Vas-y, Christounette ! Je te suis. Vas-y ! » Il venait d'acheter un château du Bordelais (Château Péby-Faugères) et c'est les pieds posés sur ce point mythique, ce fameux axe de la Terre, que nous avions dégusté son vin. Un grand cru classé de saint-émilion qui fut sûrement le premier bu au pôle Nord ! C'était en avril 1996. Peby nous quittera en juin 1997, victime d'une leucémie fulgurante. Il avait 52 ans et nous avions rendez-vous pour fêter mon retour de la traversée jusqu'au Pôle. J'aurais voulu que la vie nous donne plus de temps, j'aurais voulu lui raconter cette aventure qu'il avait voulue avec moi, pour moi. Il a tracé mon chemin et sera toujours dans mes pensées.

La balade dans la neige promet d'être belle ; les raquettes sont de rigueur pour ne pas nous noyer dans l'épaisse poudreuse qui recouvre toute la vallée. Pour cette journée qui va compter dans le parcours des femmes séjournant avec nous, le ciel a sculpté un paysage paradisiaque.

Élodie affiche une petite mine triste. Anna et Natacha peinent à lui arracher un sourire. Elle a renoncé à venir, veut remonter se coucher. Fatigue, appréhension, douleurs, peur de ne pas être à la hauteur. Je n'insiste pas et lui suggère juste d'y réfléchir. Je mise sur la force du groupe pour la faire changer d'avis.

À 9 heures 30, les voilà prêtes à affronter leur premier sommet. Toutes sont bien là. Même Élodie, convaincue par sa compagne de chambre, a finalement enfilé sa tenue de montagne.

Elle n'aura qu'un mot à dire pour rebrousser chemin, sans être jugée. Mais je sais qu'elle ira jusqu'au bout.

C'est un groupe aux vestes multicolores qui s'élance, raquettes aux pieds, en direction du sommet du Prarion, dans le domaine skiable des Houches. Nous allons gravir des pentes enneigées, d'abord par des sentiers bordés de sapin, que nous allons ensuite quitter pour faire notre propre trace.

Pour l'heure, leur mission première est de grimper dans la télécabine du Prarion. Nadia se braque d'emblée :

– Jamais je ne monterai là-dedans !

Elle se serait sauvée en courant à la vue du téléphérique dans lequel nous avions embarqué pour rejoindre le pied de l'Elbrouz, pendant mon tour du monde par le sommet de chaque continent ! Le délabrement des câbles, la décrépitude des cabines, tous les fils électriques à nu et prêts à disjoncter m'avaient fait bien comprendre que le danger n'est pas toujours là où on croit.

Toujours est-il que Nadia, elle, est en proie à une peur irrationnelle, émotionnelle.

Natacha la prend dans les bras et la rassure.

– Allez Nadia, c'est pas pire que le mur d'escalade.

– C'est bien pour vous faire plaisir, les filles. OK, mais j'ouvre pas les yeux !

De nouveau l'énergie d'une autre passe dans le cœur de celle qui croit flancher.

Là-haut, la vue est splendide. La neige fraîchement tombée est immaculée et d'une épaisseur rare. Raquettes aux pieds, bâtons en main, nous partons vers le sommet. J'ouvre la marche, et la voie par la même occasion car, par moments, il faut faire notre propre chemin dans une neige vierge de trace.

La poudreuse est légère, accueillante. Un cocon de douceur nous enveloppe et berce nos pas. Nous progressons en file indienne, vigilantes les unes envers les autres. Les respirations s'accordent, les pas se synchronisent. Cette fois encore, je leur recommande de faire le vide dans leurs pensées, d'être juste là, ici et maintenant. Écouter son souffle, le bruit de la neige qui craque sous les raquettes, vivre chaque pas comme l'unique point sur lequel fixer son esprit. Plus personne ne parle. Je jette un œil sur les femmes qui progressent à ma suite, toujours attentive à repérer celle qui se fatiguerait au-delà du raisonnable. Je n'oublie jamais leur fragilité, même si je veux les aider à franchir leurs limites conscientes. Marie-Odile ferme la marche. Notre attention est constante. L'air est particulièrement doux et de gros flocons se mettent à pleuvoir du ciel.

– Allez, on continue ! On ne lâche pas !

Elles confirment leur enthousiasme, certaines lancent :

– On est motivées !

Sébastien, notre photographe, court dans tous les sens et participe à la bonne ambiance et à la motivation des troupes. Les femmes se prennent au jeu, galvanisées par ses commentaires.

– Trop beaux, tes yeux bleus, Natacha ! Un sourire, Martine ! Top, celle-là ! Allez ! retourne-toi, Juliette ! Géniale, la pose !

– Puisqu'on parle de pause, on en fait une ?

La joyeuse compagnie s'arrête sans se faire prier pour boire, grignoter un biscuit et reprendre son souffle.

– Une pause, c'est pas une halte ! Allez ! c'est reparti.

Le sommet n'est plus qu'à une cinquantaine de mètres de dénivelé. Certaines sont épuisées mais rien ne les ferait renoncer désormais.

– Mettez-vous dans votre souffle, dans votre inspiration. Comme en méditation, calez-vous sur votre rythme, sur votre souffle et ne pensez plus qu'à cela… Marchez en pleine conscience.

Voilà ce que nous souhaitons leur apprendre, encore et encore, à chaque marche. Ne pas lâcher, vraiment vouloir, se convaincre, et avancer au risque d'essuyer quelques douleurs. Pas après pas, elles vont atteindre leur premier sommet. Nous progressons, reliées et portées par une même énergie. Aucune n'a flanché. Nous pique-niquons là-haut dans une ambiance victorieuse. Personne ne devinerait qu'il y a deux jours à peine, ces femmes étaient des étrangères les unes pour les autres. Personne ne soupçonnerait l'origine de l'épreuve qui les réunit.

Sur l'arête neigeuse, la vue sur toute la vallée de Chamonix est à couper le souffle. À droite, le mont Blanc, l'aiguille du Goûter et son fameux refuge à 3 835 mètres dominant le glacier de Bionnassay.

J'observe Nadia. Elle s'est un peu éloignée du groupe. Son regard est perdu au loin, un sourire doux flotte sur ses lèvres. La montagne l'aurait-elle conquise ?

– Alors Nadia, tu l'aimes la montagne finalement ? interroge Natacha.

– Oh là ! Faut pas pousser. Je suis juste contente d'être arrivée !

Le vent se lève et le froid devient plus piquant. Il ne faut pas nous attarder, juste le temps de boire un thé chaud et d'avaler un sandwich. Nous quittons le sommet en faisant une grande boucle qui nous entraîne dans de larges pentes enneigées, loin des sentiers. La descente est l'occasion de belles chutes dans la poudreuse. Je les pousse à se lancer, à oser accélérer la cadence dans la neige qui parfois les engloutit jusqu'à la taille.

– Que chacune fasse sa trace. Allez, lâchez-vous !

Sandrine court dans la pente, trébuche et se laisse emporter, dans un éclat de rire, par cette mer blanche et cotonneuse.

– Un bain de neige, c'est juste divin ! lance-t-elle en s'allongeant carrément dans la poudreuse.

Notre cordée rejoint la vallée en télécabine. Nadia ne manifeste plus la moindre appréhension du vide. Ses peurs se sont envolées, ou plutôt elle les a oubliées.

Certains connaisseurs de la montagne pourraient penser que le Prarion n'est pas un grand sommet. C'est vrai, j'y emmène aussi les enfants ! Bien sûr, certaines femmes pourraient grimper plus haut ! Mais pour d'autres, cette marche est une première depuis la maladie et les traitements qui ont épuisé leur corps. Respirer à fond, toucher la neige, ressentir ses muscles ; tout est question de subtilité, de niveau, de possible. Personne n'est dans le jugement, jamais. Ici, la compétition n'a pas lieu, l'objectif est d'être ensemble et de *vivre*. La plus belle des performances.

Je pense à Sylvie, une femme qui, à l'issue de son stage, s'était rebaptisée « Oui-vie ». Elle m'avait expliqué avec un large sourire

– Christine, dès le premier jour, tu m'as montré la voie. Parce que tu disais oui à tout !

Elle avait raison Sylvie. J'ai toujours accepté chaque nouveau challenge, chaque nouvelle proposition. Attentive à faire de mon mieux, jour après jour, pas après pas.

De retour à la maison Vallot, le rythme des activités ne faiblit pas. S'occuper de soi n'est pas égoïste ! Pour achever de les en convaincre, elles vont passer deux heures à échanger avec Fabien.

Son épouse est passée par l'épreuve du cancer, nous l'avions accueillie et Fabien souhaitait aider à son tour. Dans un premier temps, je ne savais trop ce que j'allais pouvoir lui proposer. Au fil de nos discussions, nous avons réalisé que ses vingt années d'expérience de *coaching* au sein d'entreprises et auprès de sportifs pouvaient être tout aussi utiles aux femmes après l'épreuve de la maladie. Il allait les bousculer, mais il allait aussi leur permettre de comprendre à quel point on a parfois besoin d'être aidé. En préambule à son message, une injonction qui peut sembler égoïste et centrée sur soi mais qui, au final, se révèle positive pour tous : il faut développer son estime de soi, car la vision de soi détermine la relation aux autres et permet de dire non aux demandes des autres, pour mieux se dire oui à soi.

– La personne est plus importante que l'objectif et vous devez faire remonter votre pouvoir personnel à la surface ! lance Fabien avec la conviction de celui qui a expérimenté la chose. Je me considère comme un humaniste, un homme de cœur, mais pas forcément un enfant de chœur ! Il est possible que certaines d'entre vous se sentent un peu bousculées, néanmoins c'est un choix de ma part, afin de favoriser la prise de conscience qui est la première étape du changement ! Mais rassurez-vous, si la prise de conscience est trop douloureuse, l'inconscient se chargera de l'évacuer et de l'oublier !

Les douze femmes ont les yeux rivés sur cet homme qui s'exprime avec un aplomb aussi absolu que sa bienveillance énergique.

– Que voulez-vous vraiment être, faire et réaliser ? C'est la première question que vous devez vous poser. La seconde en découle, et c'est ce dont nous allons parler : comment faire pour y parvenir ?

Je sais combien l'estime de soi et le regard des autres peuvent avoir des conséquences sur nos vies. J'écoute Fabien en me disant que j'aurais aimé l'entendre lorsque j'avais 20 ans…

Fabien poursuit son exposé :

– Quelle image ai-je de moi ? C'est sa propre perception qui importe, pas celle des autres ! Un jour, une femme me dit : « Je m'appelle Pauline et je suis une ancienne obèse. » Face à moi, une jeune femme filiforme. Au fil de la discussion, elle m'explique que, depuis qu'elle a perdu cinquante kilos, il se passe une chose étrange : un très bel homme la drague ! Elle trouve cela suspect, refuse de répondre à ses avances, car dans sa tête elle est restée obèse et il est donc impossible que l'intérêt de cet homme pour elle soit réel ! Le regard des autres, de ceux qui comptent pour nous, construit notre estime. Il est des petites phrases assassines qui la détruisent : « Toi tu es comme ton oncle, tu n'aimes rien ! », d'autres qui la renforcent : « Que tu es belle ! T'es la plus forte ! » Dans tous les cas, les autres construisent ce que nous nous autorisons à penser de nous-mêmes. L'impact sur notre comportement est inéluctable.

Ces mots, ce constat universel font écho en elles. Le cancer du sein modifie la perception des autres et de soi, dévalorise souvent les femmes dans leur féminité. Fabien va leur donner quelques clés pour se retrouver dans leur réalité d'aujourd'hui.

Parfois, lors de ces interventions, je m'installe dans un coin de la salle. Chaque fois, je note que l'attention est à son comble, même lorsque Fabien bouscule certaines certitudes.

– La seule personne qui puisse nous rendre heureux, c'est nous-même ! Le cancer crée parfois une secousse tellurique. Souvent les gens attendent d'aller mal pour aller mieux !

Puis Fabien parle de lui, de ses épreuves et de ses combats personnels, pour mieux revenir vers les femmes du groupe.

– Cette image, je l'aime ou pas ? On est souvent le premier à ne pas être bienveillant par rapport à nous-même. La pédagogie noire est malheureusement une habitude française ! Ce qu'on se met en tête a le même effet que la nourriture. Avoir des pensées négatives va générer des conséquences physiques négatives. C'est ainsi que le champion fait la différence par sa meilleure préparation mentale.

Quel est votre idéal ? L'idéal de soi, c'est ce que je rêverais d'être et de réaliser dans ma vie. Il est souvent plus facile de dresser la liste de ce que l'on ne veut pas, plutôt que celle de ce que l'on veut vraiment ! Nous avons tous un idéal de nous-même ; il faut le chercher en nous. Chacun est fait pour réaliser et créer quelque chose. Simplement, nous n'avons pas toujours été éduqués à l'exprimer. Cet idéal est enfoui sous des monceaux de croyances. Nous avons appris à exécuter le programme que nous donnent les autres. Nous sommes souvent acteurs des scénarios écrits par d'autres. L'idée est d'être « auteur » de notre propre scénario de vie. La première étape est de se connecter à la joie.

Il a tellement raison, Fabien !

Sénèque disait : « Il n'y a pas de vent favorable à qui ne sait pas où il va. » C'est pour se reconnecter à cette capacité à la joie que chaque soir, les femmes dressent la liste de leurs quatre plaisirs. La joie est l'émotion de l'instant présent, elle permet de se sentir vivant et de profiter de la vie. Un parfum de vanille, un coucher de soleil, le sourire d'un enfant, la vision d'un oiseau, les petits bonheurs sont partout, liés à notre sensibilité personnelle. Il faut juste apprendre à s'y connecter ; s'y autoriser aussi.

Fabien poursuit

– À quelle hauteur est votre estime de soi ? Le thermomètre de l'estime de soi mesure inconsciemment la différence entre le rêve de soi et ce qu'on est. Plus on prend de décisions et plus on pose des actes dans ce que l'on est, plus l'estime de soi augmente. Parfois, son idéal, on ne le voit pas, on n'en prend pas conscience. Le simple fait d'être dans la bonne direction, sur le bon chemin, fait grimper l'estime de soi. La notion de choix est au centre de son estime personnelle. La plupart des choses qui nous arrivent, nous les avons choisies, consciemment ou inconsciemment. Chaque fois que je dis : « Je n'ai pas le choix », c'est une illusion qui fait abandonner notre pouvoir sur le monde extérieur en nous déresponsabilisant de ce qui nous arrive. Souvent, ce n'est pas le choix qui nous manque, mais la capacité à assumer les conséquences d'un autre choix. Pour rapatrier son pouvoir personnel, l'idée est d'assumer ses choix, paroles et actes, comme ses non-choix et ses inactions… Ainsi que les conséquences prévisibles et imprévisibles de ses choix et non-choix. Assumer est donc le prix pour être responsable de sa vie, et le cadeau en est la liberté. Il faut se réapproprier sa dynamique de vie et donc agir, parce que la santé, comme dit l'Organisation Mondiale de la Santé (OMS), est un état complet de bien-être physique (je suis bien dans mon corps), psychique (je suis serein dans ma tête) et relationnel (je vis bien avec les autres). Ne pas aller mal, ce n'est pas aller bien ! Ne pas aller mal, c'est juste de la survie ! Aller bien, c'est vivre !

Oui, Fabien bouscule. Quelques sourires se dessinent…

– Le « soi social », c'est comment j'imagine que les autres voudraient que je sois. Nous y sommes confrontés à chaque instant lorsque nous sommes en société, car cela touche la deuxième peur de l'humain après la mort, celle du regard de l'autre : acceptation ou rejet ? Et si j'imaginais que les autres voudraient que je sois ce que je voudrais être dans mes tripes ? Alors là, ça donne une énergie formidable ! Moins on a d'amour pour soi, plus l'influence du regard des autres sera forte. C'est le grand paradoxe que nous devons résoudre : nous voulons être aimés pour ce que nous sommes, mais nous passons beaucoup d'énergie à être quelqu'un d'autre pour être aimés… Si nous voulons que les autres nous respectent et nous aiment, commençons par nous aimer et nous respecter.

C'est vrai : l'humain peut mentir à son esprit, pas à son corps.

– Et pour conclure, Mesdames, je vous renvoie trois questions essentielles : qu'est-ce qui me manque ? De quoi ai-je besoin ? Qu'est-ce que je peux faire pour moi ?

Les femmes sont nombreuses à vouloir échanger avec Fabien en tête à tête à l'issue de cette séance.

Après cette réunion dynamisante, la journée se poursuit avec intensité. Elle va juste s'adoucir par la magie de l'énergie apaisante d'Amandine qui entraîne les femmes dans une séance de méditation. Elles sont toutes présentes, attentives. Heureuses de vivre chaque étape de ce séjour hors du temps.

J'ai découvert les bienfaits de la méditation au fil de mes recherches et, plus particulièrement, lors d'un séjour en Inde, la technique de méditation appelée Vipassana. Sa pratique y est enseignée dans le cadre de séjours résidentiels de dix jours. Une parenthèse silencieuse, alternant marche et méditation. Nous devions rester dix heures par jour sans parler pour essayer de trouver la paix en nous-mêmes. J'ai été étonnée du grand nombre de participants à ces retraites. Des hommes et des femmes de tous âges, de tous milieux. La spiritualité n'a pas de frontière, elle touche toutes les sphères sociales, toutes les générations. Le Vipassana, issu de la tradition bouddhique, est l'une des techniques de méditation les plus anciennes de l'Inde, considérée il y a deux mille cinq cents ans comme un remède universel à tous les maux.

Un homme d'affaires birman, Satya Narayan Goenka, ne parvenant pas à soigner son stress et ses maux de tête, s'était dit sauvé par la méditation Vipassana. Après quatorze années d'apprentissage, cet homme commença à l'enseigner à son tour, en 1969. Depuis, S. N. Goenka a été à l'origine de l'ouverture de dizaines de centres en Inde, au Canada, en Australie, en Nouvelle-Zélande, en France, au Royaume-Uni, au Japon, au Sri Lanka, en Thaïlande, en Birmanie, au Népal et dans d'autres pays. Décédé en 2013, à l'âge de 89 ans, S. N. Goenka laisse cet héritage aux peuples du monde entier.

Je ne résiste pas au plaisir de partager les paroles prononcées par ce maître lors d'un sommet de la Paix aux Nations unies à New York en 2000 :

« Plutôt que de convertir les gens d'une religion organisée à une autre religion organisée, nous devrions essayer de convertir les gens de la souffrance au bonheur, de l'asservissement à la libération, de la cruauté à la compassion. »

Il ne peut y avoir de paix mondiale sans paix intérieure. Une réalité tellement d'actualité en ce début de millénaire…

Récemment, des expériences réalisées en univers carcéral aux États-Unis ont démontré que le yoga et la méditation diminuaient de 80 % les récidives. Le monde bouge, la spiritualité gagne du terrain, comme outil de paix.

Je voudrais faire toucher du doigt le plaisir et la puissance de la méditation aux femmes que nous accueillons.

Pour terminer en beauté la deuxième journée du séjour, quoi de plus adapté qu'une séance de maquillage ! Même si certaines ont du mal à se réapproprier leur nouveau corps, l'épreuve ne les a pas enlaidies, bien au contraire. Elle les a juste métamorphosées, car l'épreuve modifie aussi le cœur. L'énergie de l'âme façonne la perception de soi… et celle que les autres ont de vous.

Le groupe compte une socio-esthéticienne ; les gestes de Nadine, une femme sensible et émotive, sont précis. Le maquillage est sa passion et son projet pour les années à venir est de s'y consacrer à plein temps. Sébastien a déjà installé un coin studio-photo dans la pièce. Quant à moi, comme toujours, j'assure l'animation musicale ! La musique a un pouvoir magique sur l'humeur. Elle permet de rester dans l'énergie et la joie, de partager, de se relaxer. Elle est l'outil du bien-être instantané par excellence !

Les femmes se préparent pour la séance. Chacune repartira avec une sélection de portraits et des photos de groupe. Juliette a ôté sa perruque. Ses cheveux fins et très courts dévoilent un joli crâne rond et un cou gracile qui lui donne une allure de mannequin. Les filles dansent, gracieuses, libérées. Réconciliées avec leur corps. Nadia ôte à son tour sa perruque et la pose sur la tête de Béatrice. Tout le monde s'esclaffe. Les deux perruques passent de tête en tête. Au final, Nadia offrira la sienne à Béatrice. « Garde-la. Elle te va comme un gant ! Et moi, je veux l'oublier et assumer ma coupe à la Yul Brynner ! »

Les paroles qu'une adolescente m'avait confiées avec tristesse me reviennent à l'esprit : « Quand on perd ses cheveux, on perd aussi ses amis. » J'aurais dû lui répondre qu'elle en gagnerait de nouveaux.

À chaque nouvelle étape de ma vie, j'ai dû faire face à des épreuves. Je me suis parfois trompée de voie mais j'ai la faculté de reconnaître mes erreurs et de ne jamais perdre mon objectif de vue. En l'occurrence, après avoir grimpé douze années durant, je me bats depuis plus de vingt ans pour À Chacun son Everest !. Mes armes : l'authenticité et une ténacité redoutable. La montagne m'a sûrement inoculé un peu de sa force, et je veux transmettre cette arme invisible à toutes les femmes et à tous les enfants qui sont passés par la maladie.

Depuis la création d'À Chacun son Everest ! en 1994, plus de 4 500 enfants ont pu suivre le stage et grandir vers un mieux-être. Et depuis l'ouverture aux femmes de la maison Vallot en 2011, elles sont près de 800 à avoir rejoint la cordée. Au départ, rien n'était gagné. Aujourd'hui, je sais l'association solidement ancrée. Pour autant, moi aussi je dois poursuivre mon apprentissage de la vie.

Je suis forte de mes convictions, j'ai suivi mes intuitions. Rien ne tombe du ciel ; des signes nous sont adressés, qu'il faut apprendre à percevoir. Il faut souvent du courage pour s'engager, tout risquer pour atteindre son eldorado. Mais si l'on croit en ses anges, si l'on croit aux synchronicités de l'existence, le ciel s'ouvre pour nous indiquer la route à suivre. Cette croyance me donne de la force, la foi en l'avenir, en mes projets. Le travail reste évidemment à faire. Mais lorsque le moment est venu, alors les portes s'ouvrent.

Aujourd'hui, le ciel s'était dégagé pour nous. Pour cette nouvelle marche, il nous offre un parterre de neige immaculé et scintillant sous les rayons du soleil.

C'est ainsi que je vois la vie. Il faut savoir remercier le ciel. J'aime penser que quelqu'un veille sur moi, me guide. Je me suis si souvent sentie seule. Et aujourd'hui encore. Alors, cette certitude me donne une force incroyable lorsque la tentation de tout lâcher m'envahit.

Tout le monde m'imagine entourée de nombreux amis. C'est vrai, mettre sa vie au service des autres, plonge dans un tourbillon. Pour autant, mes moments de repos sont souvent solitaires. Je n'ai plus envie d'être dans la foule, j'ai besoin de me ressourcer. Une solitude parfois douloureuse, lourde. L'isolement des leaders…

Je comprends tellement Dalida. La souffrance de cette chanteuse m'a toujours touchée. Sa quête permanente d'amour, son immense solitude intérieure font écho en moi.

Souvent les gens me disent : « Vous avez accompli un exploit incroyable ! » Tandis que moi, je pense : « Quand est-ce que je vais pouvoir me reposer ? » Pourtant, je poursuis avec acharnement la descente de mon Everest. Aujourd'hui, ce n'est plus le Toit du monde qui repose sur mes épaules mais celui de la belle maison Vallot, où tant de femmes et d'enfants reprennent leur souffle. Vingt-deux ans après, je suis toujours là et tout ce que je fais, encore et toujours, c'est pour tenter de redescendre de cet Everest ! Avec les enfants j'avais atteint un objectif. Les femmes m'en ont offert un nouveau, permis de franchir un palier, d'aller plus loin, d'apprendre encore.

Chaque expédition était l'occasion d'un nouveau départ. J'ai traversé dix années à grimper et à marcher avant de m'attaquer à l'Everest. À chaque retour d'expé, le prochain départ se profilait spontanément. Femme, alpiniste et médecin de surcroît, j'avais le choix, les projets se présentaient à moi sans que je les cherche. Et moi je disais oui à tous ! Je n'étais ni une montagnarde ni une alpiniste chevronnée. Je ne connaissais pas suffisamment la montagne pour engager des hommes à ma suite. J'étais juste une bonne seconde de cordée, toujours prête à suivre, avec un bagage de huit ans de médecine. Mon mari me laissait partir sans rechigner, même lorsque l'expédition durait deux à trois mois. Antoine avait un immense respect pour ma passion. Il attendait que je m'essouffle, que j'aille au bout de ma quête. Alors, nous aurions fondé une famille. Mais je n'avais pas le temps de souffler, les propositions arrivaient, s'enchaînaient. Après l'Everest, j'ai eu besoin de repartir, mais différemment. C'est ainsi que m'était venue l'idée du tour du monde des plus hauts sommets. L'attraction était trop forte pour y renoncer. Ce choix avait marqué mon renoncement à une vie de famille.

La vie m'avait fait comprendre deux choses : avoir des enfants aurait été reproduire l'exigence de mon père. Ingénieur chez Saint-Gobain pendant plus de quarante ans, cet homme admirable de courage et de ténacité nous avait appris la rigueur. Ses colères me terrorisaient. Mon père ne savait pas les démonstrations d'affection. Quant à mon incommensurable besoin de liberté, il était incompatible avec l'exigence d'être mère à mon tour. Tout choix implique des sacrifices. J'ai fait celui de renoncer à la maternité.

Oui, la ténacité est un levier redoutable, et je devais être à la hauteur de mon renoncement. J'ai entrepris le plus grand des voyages pour être la première femme à faire ce tour du monde des plus hauts sommets.

Au final, ce périple m'a ouvert le chemin de la redescente de la très haute altitude. La dernière ascension, celle de l'Aconcagua en Argentine, fut difficile. Brutalement, un matin, pendant la phase d'acclimatation à 4000 mètres, j'ai été incapable de poser ma jambe droite à terre. Je bandai mon mollet, refusant d'imaginer tout autre diagnostic qu'une simple déchirure musculaire. Je partis en direction du sommet à 6962 mètres d'altitude avec une phlébite que je refusais de nommer. Je n'avais pas pris d'anti-inflammatoire ; je savais qu'il fallait aller vite. L'instinct sûrement. Je m'obstinais. Le « colosse de l'Amérique », comme on le surnomme, j'allais le vaincre ! Je l'atteindrais d'une traite, galvanisée par la perspective d'être la première femme au monde à enchaîner les *Seven Summits* !

Hélas ! l'alpiniste japonaise Junko Tabei était arrivée quelques jours avant moi. Première femme au sommet de l'Everest en 1978, elle serait aussi la première à boucler le tour du monde des sommets. Il ne lui restait plus qu'à gravir le Carstensz. Respect ! Junko était une grande dame de l'alpinisme et elle méritait de remporter ce challenge. Elle est décédée en octobre 2016, à 77 ans, d'un cancer.

Lors de la marche à travers le désert de caillasse pour retourner vers Mendoza où je reprendrais l'avion pour la France, je traînais la jambe. Finalement, je dus terminer à cheval. À Annecy, le diagnostic fut sans appel et me valut une hospitalisation. J'avais frôlé l'embolie, mais par chance, ma phlébite était « bien fixée ». Alors je m'interrogeai : devais-je continuer à affronter les sommets ? Fatiguée des expéditions, je ne savais pas par quoi les remplacer. Ni comment quitter cet univers.

J'avais fait le tour de ce monde de l'extrême, je n'avais plus rien à me prouver. Mais je ne connaissais du monde que cette vie solitaire et égoïste. Ma seule certitude était une envie nouvelle de partages, de rencontres, une vie où je voulais être utile aux autres.

Les coups durs se succédèrent l'année des *Seven Summits*. Ma mère se battait contre sa leucémie, ma petite mamie allait s'éteindre. Entre chaque sommet, je visitais les enfants à l'hôpital Trousseau, puis à Saint-Louis aussi, où ma mère fut hospitalisée. À l'époque, j'habitais Annecy. Si elle n'avait pas été malade, je ne serais pas montée si souvent à Paris. Sans elle et le professeur André Baruchel, je n'aurais pas noué de lien avec les enfants hospitalisés.

Par cette phlébite, mon corps m'avait envoyé un message. Alors le doute et le questionnement s'installèrent peu à peu, tandis qu'un nouveau chemin se profilait au loin. J'allais l'emprunter, pour ne plus le quitter.

Si j'ai croisé la route du professeur André Baruchel, à l'époque chef de service à l'hôpital Saint-Louis, je le dois à Penny Aubert, un ami d'enfance. Il voulait que j'étende l'action démarrée à l'hôpital Trousseau à d'autres établissements.

Sans son entremise, mon chemin aurait été autre. Son influence sur ma vie a été déterminante. Alors que je préparais l'Everest, Penny, médecin et responsable en communication dans l'industrie pharmaceutique, m'avait présenté André Palluel, directeur de la communication du laboratoire Janssen Cilag. Celui-ci m'avait accordé un rendez-vous davantage par amitié pour Penny que par intérêt pour mes expéditions. Pourtant il s'engagea à l'issue de notre discussion : Janssen est devenu mon partenaire historique !

Il est important de se fixer des objectifs de vie pour soi. Les femmes et les jeunes qui viennent à la maison Vallot diront peut-être un jour : « Merci la maladie, merci le cancer. » Car l'épreuve, la lutte et la victoire leur auront permis de trouver un nouveau chemin.

Je souhaite aux douze femmes en séjour à la maison Vallot cette semaine d'y arriver, comme nombre d'autres y sont parvenues. Certaines expriment leur ambition dès le premier soir, déjà conscientes de cette nouvelle voie que la maladie leur a ouverte.

Reconnaître que l'épreuve les a emmenées sur un chemin autre que celui qu'elle connaissait, sûrement différent, souvent harassant, mais ô combien gratifiant, quelle belle revanche sur la maladie ! Malheureusement, cela n'est pas possible pour tous.

Ce soir, certaines commencent même à se trouver belles. À travers l'objectif du photographe, elles ont accepté de se regarder sous un jour nouveau. Demain, la journée sera entièrement consacrée à leur bien-être et nous souhaitons que le programme achève de les convaincre !

Oui, établir des objectifs personnels est vital. Comme chaque soir, je roule vers mon petit chalet. La journée a été bouleversante de gaieté. Dans ma boîte aux lettres, une carte postale postée du bout du monde, signée Arnaud. Mes pensées naviguent vers lui. Je l'ai connu en 1994, lors d'une visite à l'hôpital Saint-Louis, l'année précédant le premier séjour d'enfants à Chamonix. Je m'étais approchée du lit où reposait cet adolescent un peu bougon.

À l'époque, je passais de chambre en chambre. Je me sentais encore un peu maladroite pour aborder ces enfants incroyablement matures et graves.

– Tu as envie que je te parle de montagne ?

– J'ai horreur de la montagne ! avait-il rétorqué en serrant les poings. Ces beaux yeux bleus s'étaient tournés en direction de la fenêtre pour se perdre dans un ciel maussade.

La douche froide ! Je restais plantée là, plus impressionnée qu'à la perspective de franchir une rimaye ! Accrochée à mon beau livre sur l'Everest, je ne laissais rien paraître.

– C'est pas grave. Je peux te parler de la mer si tu veux !

Arnaud avait 17 ans. Bingo ! Il était passionné de voile. Son attitude changea instantanément. Je décidai de l'emmener en mer dès que l'occasion se présenterait, même si ce n'était pas le cœur de notre action.

Il prit part au premier voyage que j'ai organisé en Martinique en 1995. En effet, au-delà des séjours « classiques », j'ai toujours voulu partager, dès que je le pouvais, mes aventures et mes voyages. Faisant fi de ses douleurs et de son aversion pour les sommets, il a gravi la montagne Pelée, ce volcan dont l'éruption, en 1902, détruisit Saint-Pierre et extermina plus de trente mille habitants et une quinzaine de navires ancrés dans la rade. En atteindre le sommet redonna à Arnaud le sens du dépassement sportif. Je me souviens de la descente, sa main dans la mienne. Épuisé, il avait tout donné. Puis je l'ai emmené en Corse, naviguer à bord du grand trois-mâts le *Belem*.

Il y a peu, il m'a envoyé une vidéo du Monte Renoso, un sommet corse à 2 352 mètres, accompagnée de ces mots :

« Pour un jeune qui ne voulait pas que tu lui racontes tes "salades" au chevet de son lit et "qui n'aimait pas la montagne et n'aime que la mer"… ça fait un sacré bout de chemin… Tu peux te marrer ; tu m'as trop bien roulé ! Et c'est trop cool ! »

Arnaud était aussi présent à mon arrivée après mes deux mois de traversée du pôle Nord. Et quatre ans plus tard, il était encore avec nous pour un séjour d'adolescents en Argentine où nous avons navigué au milieu des baleines, au large de la péninsule de Valdès. Un projet lancé par Alain et Claudine Caradec, deux grands marins, précurseurs des navigations vers les destinations australes, le cap Horn, le continent Antarctique. Ils sont des amis chers avec lesquels j'aime naviguer à bord de *Kotik*, leur voilier de 16 mètres.

Aujourd'hui âgé de 40 ans, Arnaud est un pilier de la cordée À Chacun son Everest !. Il est l'ancien, celui qui accompagne les groupes de son énergie rassurante… dès qu'il s'agit d'embarquer à bord d'un bateau.

À l'occasion des dix ans de l'association, Arnaud avait raconté À Chacun son Everest ! avec ses mots chargés d'expérience. Ce fut sûrement le moment de cet anniversaire le plus intense en émotion.

Le texte d'Arnaud a été lu par le comédien Bernard Giraudeau qui, lui-même, se battait alors contre un cancer :

Elles croyaient que c'était impossible, alors elles l'ont fait ! Oser dépasser ses peurs, affronter le vide et lâcher prise. La fabuleuse salle d'escalade de la maison Vallot permet cette expérience très positive. *Photos Sébastien Champeaux.*

Toutes les femmes parviennent à vaincre leur appréhension du vide. Elles finissent même par s'assurer les unes les autres. *Photos Sébastien Champeaux et Karine Lhemon.*

Au pied des sommets, nous les aidons à se centrer sur elles-mêmes. Certaines redécouvrent leur corps. Dans notre « espace zen », le yoga est un remarquable outil de bien-être. *Photos Sébastien Champeaux et Karine Lhémon.*

Dans le jardin, Bouddha participe à l'ambiance empreinte de sérénité que j'ai voulu créer à la maison Vallot. Les femmes et les enfants que nous y accueillons y puisent des forces nouvelles. Aux thermes de Saint-Gervais, les femmes retrouvent plénitude, sérénité et féminité. *Photos Jérôme Gorin et Olivier Rousseau.*

Rebondir, trouver un nouvel élan de vie après avoir surmonté la maladie. Nous accompagnons les femmes sur des chemins que, souvent, elles n'avaient pas imaginé emprunter. *Photos Jérôme Gorin et Gaëtan Haugeard.*

Et encore un sommet pour nos princesses encadrées par l'équipe À chacun son Everest ! Merci Émeline, Isabelle, Dr Aline, et bien sûr Aïto. *Photo Gaëtan Haugeard.*

Sommet masqué pour cause de Covid. En 2020, nous avons accueilli des séjours de femmes dans les limites des contraintes sanitaires. L'ambiance était différente, mais la magie toujours présente. *Photo Jérôme Gorin.*

Bikram, qui a travaillé durant deux ans au sein de l'association et que je considère comme mon fils spirituel, est retourné vivre au Népal. Il m'a emmenée dans la vallée du Langtang où les drapeaux à prières flottent au vent.

25 avril 2015. Après le tremblement de terre qui a ravagé le Népal, je retrouve la famille de Sumjio, rencontrée lors de mon séjour au Langtang. Ils ont tout perdu. Nous leur avons fourni de grandes tentes et les aiderons à se reconstruire.

Le séisme a contraint la famille de l'un de nos amis porteurs, Salam, à vivre dans cet abri de fortune. Grâce à l'association Bikram Solidarité Népal, nous avons pu leur construire une nouvelle maison.

« Photo de famille » devant l'un des plus importants temples hindous du Népal, le Bhaleshwor Mahadev, où les vœux sont censés être exaucés. La plupart de nos protégés n'ont jamais quitté leur village ou leur quartier de la capitale. Ici, à Chandragiti Hill, ils découvrent une vue époustouflante sur la vallée de Katmandou et le majestueux Everest.

Merci aux parrains et marraines de l'association Bikram Solidarité Népal. Ils permettent aux enfants, et tout spécialement aux filles, de suivre une scolarité qui assurera leur avenir. Ici avec Bikram, Clémence, Madeleine, Sumjio et Salam.

Merci Claudine pour les beaux voyages à bord de *Kotick*, et pour avoir permis à une dizaine d'enfants de naviguer avec les baleines.

Adieu Captain, toi le grand marin. Quels beaux souvenirs à bord de *Saphir* avec ta chère Nathalie, mon amie d'enfance !

Elles sont belles, mes nièces Clémence et Madeleine ! Trop chouette de partager avec elles de beaux sommets et de leur faire découvrir le Népal, mon pays de cœur.

Pendant que je peux encore suivre le rythme de mes neveux et nièces, je suis heureuse de partir en trek avec eux, comme ici avec Pierre au lac Tilicho (4 919 m).

500 kilomètres à vélo de Megève à Saint-Tropez : un challenge annuel couru avec mes « Everestines » au profit de l'association Cœur Vanessa présidée par Annick Laurent.

Dès la première vague de Covid, la maison À chacun son Everest ! a accueili des soignants. Objectif : permettre à ces personnels épuisés de souffler, retrouver l'énergie et l'envie de soigner. En attendant de pouvoir reprendre nos séjours femmes et enfants, il fallait s'adapter, inventer, rester utiles.

Heniu a rejoint l'Espace Everest et offre aux femmes de nos séjours des vols fantastiques au-dessus du lac d'Annecy. Sensations garanties !

Quelle chance de descendre à skis la vallée Blanche avec Clémence et Guillaume, ma nièce et mon neveu, en compagnie de Christophe Profit ! La simplicité et l'humilité d'un grand alpiniste doublé d'un grand guide.

Dans la voie Rébuffat en face sud de l'aiguille du Midi. Un plaisir partagé avec Bikram à qui je ne peux faire de plus beau cadeau qu'une sortie en montagne !

C'était la première fois que Bikram atteignait le sommet du mont Blanc. Une ascension réalisée à skis de rando.

Dans les îles Raja Ampat en Indonésie. J'ai besoin de me régénérer loin de Chamonix.

Anna Véronique El Baze a marché dans mes pas jusqu'au sommet pour mieux écrire mes mots.

Le ski de randonnée est une autre de mes grandes passions. Ici au-dessus d'un fjord dans les Alpes de Lyngen en Norvège. *Photo Pierre Schmidt.*

Au balcon de notre belle maison bleue, nos princesses de l'Everest. Toutes sont belles, fortes, courageuses, enthousiastes. Nous faisons en sorte qu'elles repartent libres, fières et légères. *Photo Jérôme Gorin.*

« Dans mon monde, il y avait IVAC®, la pompe qui distillait le poison guérisseur, les ponctions lombaires, les myélogrammes, les prises de sang, de température, de tension, les relevés, la fatigue, les angoisses. Il y avait aussi la télé qui projetait les images d'un monde auquel je n'appartenais plus… Il y avait aussi des blouses, blanches, bleues, roses, vertes, des docteurs, des professeurs, des infirmières, des aides-soignants, des apprentis, des confirmés, des thésards, bref… un monde de blouses, hiérarchisées, classées, ordonnées, papillonnant dans mon univers. Et puis, chassez l'intrus, une alpiniste passe ma porte. Qu'est-ce qu'elle me veut ? Pas de blouse, pas de seringue… C'est Christine Janin. Et alors ? Moi c'est Arnaud et "j'aime pas la montagne, j'aime que la mer". Disparition de l'intrus. Mine de rien, elle avait l'air sympa. Elle laissera sur ma table de chevet un bouquin d'aventures, les siennes. Et voilà, mon histoire avec Christine commence ici. Je mets le nez dans son bouquin et je ne l'enlèverai plus. Christine m'a apporté bien plus qu'un bouquin, elle a apporté le rêve, en chair et en os. Elle m'a donné l'occasion de m'échapper de mon monde d'angoisses pour aller faire un tour dans les grands espaces, là-haut, sur sa montagne.
On ne peut pas mieux dire, c'est même elle qui l'a dit : "Je vais te sortir de ce monde pour aller faire un tour sur les montagnes" – pour de vrai. On reconnaît un bon médecin quand il dit : "Ça va faire mal" et non le contraire, s'il sait qu'effectivement ça fait mal. Christine doit être de cette espèce-là, parce qu'elle m'y a fait grimper sur ces satanées montagnes, et pour de vrai.
Ce n'est pas parce que j'étais cliniquement "sain" que j'étais guéri. Enfermez-vous dans un monde de malades pendant des jours, des mois et des mois… et tâchez d'en sortir, de laisser vos angoisses sur le pas de la porte et de reprendre votre

vie. Même si mes angoisses n'avaient plus lieu d'être, on ne se débarrasse pas comme ça d'une histoire aussi dure, et puis il y avait tant de monde dehors, tant de bruits, tant de choses que j'avais effacées. Et puis, il y a ce corps, mutilé, fatigué, sali, cette enveloppe cédée aux médecins et qu'il faut réinvestir, pour réapprendre à vivre, à faire des projets, à s'émerveiller… La première marche vers cette reconquête de la vie, c'est Christine qui m'a aidé à la grimper. Et ce n'est pas rien, cette marche, c'est une vraie montagne. Il y a ça, il y a tout le reste, ce que je dois à Christine, c'est bien plus qu'une ascension, bien au-delà, elle m'a aidé à assumer ce que je voulais devenir, tout nouvel homme que j'étais. Assumer mes rêves, me montrer que c'est possible, mettre sur ma route et dans mon cœur des gens extraordinaires, de grands voiliers, des baleines et des rêves de large… "puisque tu n'aimes pas la montagne…" »

Arnaud m'avait laissé entrer dans son monde par la mer. Lui a définitivement rejoint le mien.

L'année dernière, il m'a suivie au Groenland pour encadrer un groupe. Là encore, l'opportunité a fait l'aventure !

Ben (Francois Bernard), l'un des quatre guides français du Groupe militaire de haute montagne qui avaient réussi la traversée du pôle Nord, voulait mettre son bateau, *Atka*, au service de l'association, en faire un lieu d'ancrage et de partage. Ma première réaction avait été de décliner l'offre. Puis, face à sa déception, j'ai senti que « oui » était la bonne réponse !

Pour ce grand voyage de dix jours au Groenland, nous avons emmené deux jeunes, Alexandre et Andy, et deux femmes, Cécile et Pascale. Pascale rêvait du Groenland, et Ben était le guide de Cécile à Chamonix. Le choix fut vite fait ! À 15 ans, la maturité et l'attitude positive d'Andy sont à vous en donner des frissons. Alex, quant à lui, est un jeune adorable mais enfermé dans sa timidité. L'un comme l'autre n'en reviennent toujours pas d'avoir vécu cette expérience! Pour ces adolescents, ce voyage hors du temps, grâce à la maladie, était tout bonnement improbable.

La météo a été clémente. Nous nous sommes baladés en traîneau à chiens à travers les glaces. Les aurores boréales étaient féeriques, les paysages à couper le souffle. Chacun à son tour a craqué, pleuré. La beauté, l'énergie, les couleurs, les icebergs, la banquise, l'amitié, le partage, cette alchimie touche les âmes et émeut les plus rebelles. Mais j'ai réalisé que nous étions au bout du monde, isolés de tout. J'ai réalisé qu'il fallait lever le pied, au risque, un jour, d'engager un peu trop loin des femmes et des enfants fragilisés par la maladie. J'ai toujours su voir cette limite invisible, et le Groenland me l'a montrée.

*
* *

Les quatre plaisirs de la journée de Natacha :

- La préparation de petites attentions faites maison pour ma « coloc ».
- Les premières bonnes sensations de retrouver mon corps dans l'effort de la montée en raquettes.
- Une immense sensation de douceur dans la descente où nous nous enfonçons dans la poudreuse jusqu'à mi-cuisses.
- Le sentiment d'apaisement total grâce à la combinaison du massage et d'une séance de yoga.

Bonus : La justesse d'être moi, d'être aujourd'hui, d'être ici.

Chapitre 6

Savoir prendre soin de soi

À la veille du sommet que les femmes s'apprêtent à gravir, la journée consacrée au bien-être est une étape importante pour leur permettre de renouer avec leur féminité.

Le cancer du sein l'affecte tout particulièrement. Le sein est indissociable de l'image de la femme, le symbole de la féminité par excellence. Lorsqu'une femme ne se sent plus pleinement femme, les répercussions sur son estime d'elle-même, et par voie de conséquence sur ses relations amoureuses et sociales, sont inéluctables.

Bien souvent, les femmes mettent cette dimension de côté dans leur combat pour guérir. Pourquoi ? Parce que l'oubli de soi, le courage et le souci de préserver leur famille deviennent leur priorité. Nombre d'entre elles disent tenir pour leurs enfants ou pour leurs proches, davantage que pour elles-mêmes. Elles nient leur mal-être, se forcent à sourire, plaisantent, serrent les dents, refoulent les larmes, masquent leurs cernes. Trop insupportable de lire l'inquiétude dans les regards de ceux qu'on aime. Le courage apprend à jouer la comédie et l'instinct maternel est un professeur intransigeant.

Ici, dans le cocon de la maison Vallot, elles peuvent lâcher prise, ne plus faire semblant d'être gaies lorsqu'elles sont tristes, énergiques lorsqu'elles sont épuisées, soulagées alors qu'elles ont mal. Elles peuvent aussi partager l'angoisse collective à l'idée d'être dépossédée de sa féminité.

La maison Vallot est un refuge, une pause réconfortante ; l'équivalent de l'abri protecteur qu'offre aux alpinistes le refuge de haute montagne. Cabanes perchées sur un îlot rocheux, ou bâtisses plus spacieuses comme les refuges des Écrins, Albert 1er, des Grands Mulets ou du Goûter (l'un des refuges gardés d'Europe de l'ouest les plus hauts, à 3 835 mètres d'altitude)… Là-haut, la solidarité est une religion partagée.

Au regard du nombre d'ascensions et autres raids à skis que j'ai menés, j'ai sûrement visité davantage de refuges que d'hôtels ! J'en aime l'ambiance, les plats chauds que l'on se passe, les familles de circonstance qui s'y forment, les regards qui se croisent et se parlent. Il y plane un parfum d'aventure, une solidarité à toute épreuve. Là-haut, nous sommes égaux. Sentiment d'appartenance à une galaxie où seuls les initiés sont autorisés à s'aventurer. Et ces couchers de soleil somptueux, le silence de l'aube que tous respectent, les sommets majestueux, sauvages et brutalement angoissants quand la tempête se réveille ! Le mot « refuge » prend alors tout son sens. Les refuges sont les oasis des cimes, un abri béni des dieux où l'on reprend des forces.

Un paradis peuplé de ronflements aussi ! On s'y couche tôt, pour se lever encore plus tôt. Combien de nuits blanches ai-je subies, ballottée entre ronflements, torches qui balaient l'obscurité et allées et venues nocturnes ! Plus d'une fois, j'ai attrapé mon tapis de sol pour l'installer à la belle étoile. Entre froid polaire silencieux et chaleur ponctuée de grognements, je n'ai jamais hésité plus de cinq secondes !

L'existence nous amène les expériences qui doivent nous arriver, même lorsqu'elle apporte le pire. La douleur, la maladie n'arrivent en général pas par hasard. Je le pense profondément, au risque de choquer. La vie nous dirige alors sur un autre chemin : parfois trop tardivement, hélas ! Pour ceux qui ont la chance d'en avoir le temps, l'épreuve permet de découvrir la vie autrement. Le regard sur soi se modifie, on va à l'essentiel.

Enfin les femmes de notre stage vont apprendre à prendre soin d'elles, comprendre qu'elles sont les priorités. À la question de savoir quel serait leur vœu si elles disposaient d'une baguette magique, la plupart des femmes hésitent à répondre. Leur vœu devrait s'imposer d'emblée : vivre ! vivre ! Le plus longtemps possible.

Certaines sont indécises car elles se sont oubliées pour ne penser qu'aux autres. C'est si inhabituel de s'occuper de soi, de faire de sa propre vie sa priorité. Si difficile de lâcher prise aussi.

Les femmes touchées par un cancer du sein sont très nombreuses à exercer une activité tournée vers le soin des autres : assistante sociale, médecin, infirmière, sage-femme, enseignante, responsable des ressources humaines… Le sein est l'organe nourricier par excellence, or ces professions ont pour finalité commune de *nourrir* les autres. Au détriment de soi, par incapacité à gérer ses propres ressources ? Y aurait-il un lien invisible ? Possible. Ce dont je suis convaincue, c'est que les femmes ne doivent pas se sentir coupables. Le chemin de la maladie, il faut l'accepter, pour mieux le transformer, voire le transcender !

Les femmes ont toutes perçu une nette modification des regards et des attitudes après l'annonce de la maladie. Le cancer affecte les corps, mais aussi les âmes. Les mines se chargent de compassion, de gêne, d'admiration parfois. Pour les bien-portants, le mot cancer effraie. Le malade incarnerait-il la crainte de ce qui pourrait les ébranler à leur tour ? La peur face à la souffrance ? Sont-ils impressionnés par le courage des malades ? Déstabilisés face à la force, à la volonté farouche qu'eux-mêmes ne sont pas certains d'avoir ?

Les femmes, au-delà de la maladie, voient leur féminité ébranlée, leur sexualité abîmée. Une problématique psychologique qui s'ajoute à celle, déjà difficile, de la maladie. Si le cancer du sein se soigne de mieux en mieux, une femme sur huit en est, ou en sera, atteinte.

L'une d'elles nous confiait combien les bras de son amoureux participaient de la thérapie, à quel point son regard sur elle, toujours aussi amoureux et inchangé, contribuait à sa guérison. La perte de libido est une épreuve qui ajoute à la douleur des corps. L'absence de désir sexuel des femmes est un problème, souvent vécu comme une atteinte supplémentaire pour des couples déjà fragilisés. La baisse du désir est notamment liée à la chimiothérapie et aussi à l'hormonothérapie. Les antiœstrogènes, souvent prescrits en traitement préventif sur le long cours pour éviter les récidives, laissent nombre de femmes inquiètes et indécises. Des peurs nouvelles naissent, elles sont perdues face aux effets secondaires qui s'installent – douleurs articulaires, fatigue chronique, prise de poids – et qui mènent certaines à stopper leur médication. Expliquer, sans filtre ni tabou, permet de dédramatiser, d'affronter et de surmonter. Oui, l'épreuve est rude, de bout en bout.

Au bout de quelques jours avec nous, les femmes en parlent sans détour, leurs phrases se font écho. Toutes ont affronté une suite d'inconvénients plus ou moins graves qui, au cumul, forment une chaîne d'obstacles à l'amour.

« La chimio a stoppé le fonctionnement de mes ovaires ; j'ai 36 ans et je me retrouve ménopausée… » « Je ne reconnais plus mon corps… je n'ai plus de désir. C'est compliqué d'expliquer ça à mon mari… » « Et ce foutu cathéter, pire qu'une corde à la patte !… » « À chaque chimio, j'étais terrassée par des nausées… » « Moi, le pire ça a été la radiothérapie. J'avais le torse brûlé par les rayons et barbouillé de marques recouvertes de bande adhésive… » « Cinq semaines sans pouvoir me doucher ! Même me laver sous les aisselles, c'était compliqué… » « Après l'opération, je suis restée plusieurs semaines sur mon lit sans bouger… Mon mari avait peur de me faire mal chaque fois qu'il me prenait dans ses bras. »

Les témoignages sont violents, impudiques, libérateurs.

Anna conclut :

– Si le désir et l'amour sont forts, ça aide à s'en sortir.

Et Natacha de surenchérir :

– Moi, Louis m'a demandée en mariage et ça a été la meilleure des thérapies.

Effectivement, si certains conjoints s'éloignent, d'autres scellent un amour indéfectible. Natacha en est un exemple rayonnant. Son amoureux l'a épousée l'an dernier. « Avec la boule à zéro ! » plaisante-t-elle.

Une autre raconte, la voix gonflée par l'émotion, qu'après sa mastectomie, son mari lui a fait la plus belle des déclarations : « Ce n'est pas grave, maintenant je suis encore plus proche de ton cœur ; et de toute façon, ton sein droit a toujours été mon préféré. »

Toutes n'ont pas cette chance. De nombreux couples ne résistent pas, se perdent dans l'épreuve. L'homme flanche parfois, souvent à la fin des traitements, ou même pendant les chimiothérapies. Les liens fragilisés vacillent et se rompent.

Il faut mettre des mots, souvent tus, sur toutes ces réalités. Dire, c'est comprendre, et réaliser que les effets ne seront pas permanents. Ils sont normaux et se surmontent.

De la même manière que je ne voulais pas être réduite à mon « exploit » à l'Everest, ces femmes ne veulent pas être définies par leur pathologie, elles ne veulent pas perdre leur identité de femme à part entière. Certaines le clament avec conviction dès le deuxième jour du stage : nous sommes les mêmes femmes qu'avant le cancer ! Nous ne sommes pas notre maladie ! Le cancer n'annule pas notre féminité !

Chaque semaine, nous abordons ce sujet si intime qu'elles n'osent pas toujours l'évoquer avec leur oncologue ou leur médecin traitant. Et encore moins avec leur conjoint ou leurs amis. Le poids de ce silence est incroyablement lourd. Or, parce que la sexualité se transforme incontestablement du fait du cancer, il faut construire un nouveau chemin. À deux.

Ce matin, avant de partir aux thermes de Saint-Gervais, je leur annonce une matinée studieuse. Caroline, médecin gynécologue, va leur parler de santé et d'environnement. L'objectif est d'ouvrir de modestes pistes de réflexion et d'apporter des points de repère. D'autres fois, cette matinée est animée par Anna, une onco-psychologue qui va leur permettre de pointer leurs obstacles et surtout leurs ressources intérieures. Un espace de parole libérateur. Tout ce qui n'avait pas encore été dit finit par sortir, certaines s'expriment, d'autres écoutent, acquiescent. Quelques larmes coulent encore et finissent de vider les cœurs trop lourds.

Les femmes, confortablement installées dans les canapés du salon des confidences, sont attentives comme à chaque fois que ce sujet, pas forcément agréable, est abordé.

Béatrice, toujours aussi en verve et pince-sans-rire, met l'ambiance.

– J'avais bien dormi, j'étais de très bonne humeur et soudain je découvre sur le programme du jour qu'on va nous parler des perturbateurs endocriniens. Du coup, j'hésite à remonter me coucher !

Caroline sourit, et après un rapide tour de table, elle se lance :

– Au fil de notre vie, nous sommes confrontés à des polluants, mais il n'y a pas de fatalité ; ils peuvent ou non s'exprimer en fonction de notre sensibilité et de notre capital génétique.

L'explication est très didactique. Caroline a appris à l'être, pour expliquer sans pour autant dramatiser. Elle poursuit en prenant soin d'être le plus claire possible :

– L'être humain possède des glandes endocrines qui sécrètent des hormones ; celles-ci sont diffusées dans l'ensemble de l'organisme pour stimuler les organes ciblés. Sortes de messagers biochimiques, les hormones régulent nombre de fonctions de l'organisme (croissance, métabolisme, pression artérielle, glycémie, différenciation sexuelle…). Les polluants peuvent perturber ces glandes qui, à leur tour, vont se mettre à sécréter des hormones qui vont agir à distance, par voie sanguine, sur les récepteurs d'une cellule. Une fois fixée sur la paroi d'une cellule, cette hormone « défectueuse » va envoyer un mauvais signal *via* les récepteurs. Le polluant peut donc se substituer à l'hormone, bloquer le récepteur ou envoyer des signaux inappropriés ou au mauvais moment. On peut alors imaginer les perturbations endocriniennes qui vont s'en suivre de manière insidieuse.

Béatrice, lunettes posées sur le bout de son petit nez, prend des notes avec application puis questionne :

– Et on en a beaucoup, des glandes endocrines ?

Caroline saisit un feutre et s'approche du tableau pour y dessiner les contours d'un corps humain.

– Nos principales glandes endocrines sont, de haut en bas : l'hypophyse (le « pilote général »), la glande pinéale, la glande thyroïde (qui agit sur tout le métabolisme, cœur, tube digestif, tonus, système nerveux), le thymus (qui joue un rôle dans l'auto-immunité), le pancréas (qui régule le métabolisme du sucre), la glande surrénale (qui régule la tension artérielle) et les ovaires (qui sécrètent œstrogènes et progestérone).

– OK, et qu'est-ce qu'on peut faire pour ne pas polluer nos glandes ? interroge Béatrice, autoproclamée porte-parole du groupe.

– Des tas de choses, poursuit Caroline. Faire des choix éclairés dans vos achats de nourriture, de produits d'entretien, de cosmétiques aussi.

S'ensuit une heure de conseils pratiques : éviter au maximum de mettre des aliments au contact de matières plastiques, ne pas cuire les aliments dans du papier aluminium, jeter les poêles antiadhésives, surtout si elles sont rayées, privilégier les produits bios, notamment pour les pommes et les salades gorgées de pesticides, mettre le parfum sur ses vêtements et pas sur la peau, éviter le phénoxy-éthanol dans les composants de crèmes, ou encore les dentifrices contenant du triclosan, préférer les savons solides aux liquides, les crèmes solaires minérales, les huiles essentielles aux bougies parfumées, etc. Il faut réapprendre à utiliser les produits de base, tels le bicarbonate de soude ou le vinaigre blanc, les chouchous de nos grands-mères pour récurer la cuisine.

En fin de réunion, les femmes se bousculent autour de Caroline. Les questions fusent. Certaines vont s'empresser de rectifier quelques habitudes sans tarder.

Avant de les quitter, Caroline, soucieuse de ne pas être trop alarmiste, conclut :

– Ces fameux perturbateurs endocriniens sont une cause qui n'aura pas un effet direct sur la santé. Néanmoins, plus les perturbateurs se combinent entre eux, plus les risques seront forts, donc diminuer progressivement le nombre de polluants peut avoir un effet très positif.

Le déjeuner est l'occasion de confronter les habitudes de vie. Là encore, toutes se retrouvent sur un point : dès leur retour à la maison, pas mal de rituels d'achat et de comportements seront chamboulés ! Cet exposé, et les discussions animées qu'il a générées, va faire germer de nouvelles pratiques.

Le café est avalé en hâte et, ce midi, même pas besoin de battre le rappel des troupes ! Dès 14 heures, les femmes sont prêtes à en découdre avec le programme sportif de l'après-midi : une baignade relaxante.

Les thermes de Saint-Gervais proposent un long parcours aquatique où elles pourront barboter dans une eau qui jaillit naturellement du cœur de la montagne à 39 °C.

Cette étape est un moment de soulagement et de repos où les femmes retrouvent leur corps en maillot de bain. Et ce n'est pas rien ! Elles oublient leur physique, leurs complexes, les cicatrices, les prothèses. La force du groupe, encore une fois, permet de rire, de se moquer de ces seins qui flottent, de cette poitrine que le petit dernier trouve trop dure – « Maman, je préférais les autres, ceux qui sont tout mous et qui tombent ! » –, ou du décolleté qu'elles n'assument pas encore.

Je me souviens d'un stage où des femmes m'avaient stupéfiée par l'incroyable lâcher-prise qui les avait emportées. Louise avait donné le ton en retirant l'une de ses prothèses pour l'envoyer, à travers le bassin, vers les autres. Une incroyable partie de ballon s'était engagée dans les bains à remous. Les prothèses avaient volé dans les airs, les unes après les autres ! Inimaginable, mais vrai !

– Il paraît que l'eau dans laquelle on trempe s'est baladée soixante ans au cœur du massif du Mont-Blanc. Deux fois ma vie ! réalise Natacha.

Elles rigolent telles des gamines, déambulent en maillot, décomplexées. Je m'amuse de l'étonnement de ceux qui nous observent. Un groupe d'Italiens coule même des regards concupiscents dans notre direction. La magie opère ; les complicités se renforcent au fil des jours. Les bains à remous sont l'occasion de papotages, de photos prises sous l'eau sur lesquelles nos poses de sirènes aux yeux écarquillées, aux joues gonflées et aux postures absurdes ajoutent à l'ambiance.

Sandrine qui, avant la maladie, avait de longs cheveux blonds et bouclés, confie que jamais son mari n'avait vu son crâne chauve jusqu'au jour où, à la piscine, tandis qu'elle nageait, son bonnet avait glissé. La sensation de l'eau sur son crâne l'en avait avertie. Il flottait à quelques mètres. Trop loin pour s'en saisir. Son mari lui faisait déjà face. Les larmes étaient montées. Lui ne comprenait pas. « Je ne voulais pas que tu me voies comme ça. J'avais peur que tu ne me désires plus. » Son mari croyant la rassurer, lui avait répondu : « C'est ridicule. Je le vois la nuit, ton crâne, chaque fois que ta perruque glisse sur l'oreiller dans ton sommeil.» Cet aveu avait mortifié la belle et séduisante Sandrine. J'espère que ce séjour va lui redonner confiance.

Ce soir, je leur raconterai en détail le moment qui a transformé ma vie. Puis je leur montrerai mon film sur l'Everest. Si j'ai attendu, ce n'est pas un hasard. Je veux qu'elles s'imprègnent de ces images à la veille de leur grande ascension, celle que nous ferons ensemble demain, jusqu'aux chalets de Chailloux.

Les habitudes sont désormais prises. Comme au sein d'un petit cercle familial, chacune reprend spontanément sa place de la veille dans le salon des confidences. Élodie se glisse sous une couverture, Karine se cale dans l'angle, Anna se tient bien droite, mains posées sur les genoux, Béatrice s'accroche à son mug fumant. Rituel du soir que ce rendez-vous d'après-dîner, l'occasion de rire, de regarder les photos du jour et de parler du programme du lendemain.

Tandis qu'elles sont confortablement installées dans le long canapé d'angle, bercées par le crépitement du bois qui brûle dans la petite cheminée, je vais les entraîner sur le Toit du monde, là où la survie ne peut excéder quelques heures.

En haute altitude, la principale difficulté est le manque d'oxygène. Le premier symptôme est souvent une céphalée aiguë, suivie de nausées, de vomissements, d'œdèmes, car le cerveau n'est plus suffisamment alimenté en oxygène. À titre d'illustration, au sommet du mont Blanc, à 4 800 mètres, il y a déjà 50 % d'oxygène en moins qu'à la base de la montagne, à 1 000 mètres. Personne ne peut monter d'une traite, au risque de déclencher un mal aigu des montagnes. Le corps doit s'adapter. À l'instar du plongeur qui ne peut fréquenter les profondeurs, y descendre ou en remonter sans paliers de décompression, ou de l'astronaute qui serait bien incapable de piquer un cent mètres le lendemain de son retour sur terre.

Avec un groupe d'amis médecins, au sein de l'Association pour la recherche en physiologie de l'environnement (ARPE) créée en 1983 par le professeur Jean-Paul Richalet, avec les docteurs Jean-Pierre Herry, Christian Rathat et Philippe Paumier, j'ai participé à une expérience afin d'enregistrer nos capacités de résistance et les effets d'une montée rapide en altitude. L'objectif était de savoir pourquoi l'on est essoufflé quand on fait un effort en altitude. Est-ce la respiration qui est déficiente ? Le cœur qui flanche ? L'oxygénation des muscles qui est insuffisante ?

L'observatoire Vallot, situé à 4 350 mètres d'altitude, non loin du refuge du même nom, abrite un laboratoire du CNRS, utilisé depuis longtemps par l'ARPE pour des campagnes de recherche médicale sur l'adaptation à l'altitude et le mal aigu des montagnes. Pour cette expérimentation, un hélicoptère nous a déposés sur les pentes du mont Blanc, au pied de l'arête des Bosses et quasiment à la porte de l'observatoire. J'ai été presque aussitôt submergée par la nausée puis prise de vomissements. Certains de mes camarades ont même dû être perfusés et n'ont pas pu grimper les 447 mètres de dénivelé qui nous séparaient du sommet.

Si la capacité à supporter le mal des montagnes, ou la vie en hypoxie, est très variable d'un individu à l'autre, tous les alpinistes doivent prendre du temps pour s'acclimater. Comme pour le mal de mer, c'est physiologique. Il ne faut pas brûler les étapes, sinon on s'expose au mal des montagnes, voire à l'œdème pulmonaire ou cérébral. Et à une mort certaine.

En 1985, mes camarades m'avaient déjà embarquée dans une expédition en Himalaya, au Népal, sur les pentes de l'Annapurna IV. Une météo épouvantable nous avait empêchés d'atteindre le sommet, mais nous disposions de tout une logistique technologique qui nous avait permis de réaliser des expériences originales au camp de base à 5 000 mètres d'altitude. Bardés d'électrodes pour étudier le comportement du cœur à l'effort ou les troubles du sommeil, nous avions passé plusieurs semaines à explorer l'ensemble de nos fonctions physiologiques ! Notre sang était prélevé régulièrement, centrifugé, stocké dans des bonbonnes d'azote liquide… Ces expérimentations avaient notamment mis en évidence l'adaptation du cœur, qui se protège très efficacement contre le manque d'oxygène en haute altitude.

Je raconte « mon » Everest au groupe de femmes sans détour, sans fard. Pour mieux pouvoir les renvoyer au leur. Je les embarque dans le mien, le vrai, celui qui culmine à 8 848 mètres, pour leur faire comprendre qu'elles aussi ont réalisé un exploit aussi considérable que grimper sur le Toit du monde.

Je songe aux mots de George Mallory. Aux journalistes, qui ne cessaient de lui demander pourquoi il voulait escalader le mont Everest, il avait répondu par la phrase devenue probablement la plus connue de l'alpinisme : « Parce qu'il est là ! »

Pour parvenir au sommet de l'Everest, il y a deux voies principales. L'une en face nord, côté Tibet (Chomolungma), plus rocheuse. L'autre en face sud, côté Népal (Sagarmatha), autorisée depuis 1950 et offrant des possibilités d'ascension moins périlleuses par l'arête sud-est. D'ailleurs, les deux premiers alpinistes à avoir atteint le sommet en 1953, le Néo-Zélandais Edmund Hillary et le Népalais du peuple sherpa Tenzing Norgay, avaient choisi cette voie-là.

En 1989, j'ai effectué une première tentative côté Tibet, au sein de l'expédition Everest Turbo, qui comprenait notamment Éric Escoffier, Michel Fauquet, dit Tchouky, et Stéphane Schaffter, un grand guide suisse décédé en 2015 en l'Himalaya, englouti par un torrent qu'il traversait. Cette fois-là, comme lors de l'expédition du Gasherbrum II, la médecine avait été le point de départ de l'aventure : j'étais là en tant que médecin d'expédition. Éric Escoffier était un surdoué dont le courage m'impressionnait. Un accident de voiture lui avait fait perdre l'usage de sa jambe gauche. Combien de fois durant notre ascension l'ai-je vu chuter dans les moraines, se relever, s'acharner, sans jamais se plaindre. Il conjurait les maux en ne prononçant pas les mots ! Sa progression était un combat de chaque instant. Et son défi de poursuivre le challenge des plus de 8000 était démesuré.

Éric ne pouvant multiplier les allers-retours nécessaires à l'acclimatation, nous nous étions entraînés en France, dans un caisson hypobare, sous la surveillance du professeur Richalet. Partir acclimaté signifiait aller plus vite au sommet et éviter les interminables va-et-vient vers les camps d'altitude successifs. Pour assurer une « acclimatation accélérée » à l'altitude, nous avions donc passé plusieurs jours dans un caisson hypobare au Centre de recherches du service de santé des armées à Grenoble, avant de nous envoler pour la Chine. En étant exposé de manière répétée au manque d'oxygène, le corps commence à développer des mécanismes d'adaptation, au niveau respiratoire ainsi qu'au niveau sanguin, qui vont faciliter l'acclimatation sur le terrain.

Quand nous sommes arrivés en jeep au camp de base à 5 100 mètres, le vent soufflait fort, le terrain était d'une aridité absolue. Nous sommes montés rapidement au camp de base avancé, à 6 400 mètres, pour rejoindre ensuite le col Nord, le Lhakpa Ri, à 7 000 mètres. Je me souviens de longues heures de progression sur les moraines des immenses glaciers du Rongbuk où se sont formées des centaines de cheminées de fées, des parois sculptées et colorées encerclées par des kilomètres de pénitents de glace pouvant atteindre plusieurs dizaines de mètres. Le regard est littéralement submergé. Puis nous avons dû slalomer entre les crevasses du glacier pour atteindre le pied de l'immense pente menant au col Nord et remonter les cordes fixes pour franchir ce mur de glace. Hélas ! nous avons dû rebrousser chemin à 7 800 mètres. Le vent était d'une violence extrême, la météo exécrable. Il était trop tard, ça ne passait plus, comme on dit dans notre jargon d'himalayistes. Partis turbo, nous arrivâmes diesel !

Il n'empêche que j'avais touché du doigt l'Everest. Moi qui n'avais jamais imaginé l'atteindre, ni même l'approcher, je l'avais démystifié. J'avais aussi découvert que l'échec permettait de redémarrer. Je n'étais pas triste d'avoir échoué. Cet échec, tout relatif, m'avait démontré qu'il ne faut jamais s'avouer vaincu, que l'on peut tenter le coup de nouveau, et réussir.

Ma deuxième tentative à l'Everest, un an plus tard, en 1990, sera la bonne. Je n'avais plus envie d'enchaîner les expéditions. J'avais décidé qu'elle serait la dernière.

Nous étions treize femmes en lice, engagées dans quatre expéditions différentes, pour le « titre » de première Française au sommet du monde. Ma concurrente la plus redoutable, Chantal Mauduit, venait de se casser la jambe, juste avant le départ. J'étais désolée pour elle ; mais peut-être était-ce un signe ? Même si j'avais l'esprit de compétition et que le challenge me motivait, je vivais plutôt cette aventure comme un jeu. Je n'étais ni dans la rivalité ni dans la hargne, mais j'aime jouer et je déteste perdre ! De toutes les filles qui se trouvaient au pied de l'Everest cette saison-là, j'étais celle avec le plus d'expérience de la haute altitude, ce qui ne signifiait pas pour autant que j'étais la meilleure alpiniste ! Cette fois, je m'attaquais à l'Everest par la face sud, le versant népalais. J'étais prête, détendue, dans un lâcher-prise absolu.

J'étais au top, après un entraînement assidu de plusieurs mois. À cette époque, j'enchaînais les footings en montagne. Pas un jour sans courir, faire du VTT, du ski de fond ou du ski de randonnée en hiver. J'avais une addiction pour tous les sports d'endurance. Ma VO_2max (consommation maximale d'oxygène lors d'un effort, c'est-à-dire le volume prélevé au niveau des poumons et utilisé par les muscles par unité de temps ; plus la VO_2max est élevée, meilleure sera la performance) était au top, à plus de 60 ml/minute/kg. Pour autant, j'avais compris que ce n'était pas la peine d'en faire trop et de m'épuiser en altitude. J'étais donc allée prendre l'air en Bretagne, à Douarnenez, chez ma petite grand-mère.

Ma grand-mère fait partie de ces personnes courageuses qui ont constamment été dévouées aux autres. Elle qui était née avec une double luxation de hanche, je l'ai vue claudiquer toute sa vie durant, même si elle fut une des premières à bénéficier d'une prothèse de hanche. Ayant perdu son mari alors que ma mère n'avait qu'un an et sa petite sœur quelques mois seulement, elle éleva seule ses quatre enfants. Mon grand-père avait dirigé une conserverie de sardines du port de Douarnenez, mais à sa mort, son épouse ne reçut aucune pension. Ma grand-mère mena véritablement une vie de labeur et de sacrifice. Elle m'a toujours touchée et je lui voue une admiration sans borne. Elle s'est éteinte à 94 ans, toute petite, si fragile.

Ma petite mamie adorait écouter le récit de mes aventures. Mes souvenirs d'enfance sont là, dans sa jolie maison face à la mer. Mes frères, mes cousins et moi passions nos vacances à jouer dans les vagues de la vaste plage du Ris et aussi sur celles de Tréboul, de Kervel ou de Trezmalaouen. Rien qu'à l'énoncé de leurs noms, je ressens l'air vivifiant de l'océan et l'odeur des algues. Des immenses plages de sable blanc où parfois la marée s'étend sur plus d'un kilomètre. Nous nous faisions brasser dans les rouleaux, ramassions les coques. Je me souviens des grains de sable qui assaisonnaient nos goûters. De belles vacances, au parfum sucré de l'enfance, aux plongeons dans les vagues, aux mines ensoleillées et joyeuses. Je garde une profonde affection pour cette Bretagne qui a sûrement déterminé le lien viscéral que j'entretiens avec la nature. Et je ne pouvais trouver de meilleur endroit pour me préparer à gravir l'Everest !

Mon cousin Patrick reste marqué par nos heures de vélo, de kayak de mer, de course à pied. J'étais insatiable d'efforts et boulimique de grand air !

– Tu avais une sacrée forme physique. Tu étais une bombe d'énergie, avec un besoin épuisant de te dépasser chaque jour ! J'avais du mal à te suivre.

Juste avant le grand départ pour le Tibet, j'ai encore passé quatre jours à l'observatoire Vallot pour m'adapter à l'altitude. Si bien que je suis arrivée à Katmandou au meilleur de ma forme, sereine après le séjour en Bretagne auprès de ma grand-mère… et le sang bouillonnant de globules rouges !

Nous avons fait une courte halte à Katmandou, dernière ville avant les sommets de l'Himalaya. À 1 400 mètres d'altitude, la capitale népalaise, avec ses 4 millions d'habitants, est aussi envoûtante que polluée. Nous n'y sommes restés que le temps nécessaire aux dernières démarches administratives, pour récupérer les permis d'ascension (coûteux : environ 50 000 euros pour l'agrément de l'expé, plus 10 000 euros par alpiniste) et organiser la logistique (porteurs, nourriture, tentes, etc.) de notre expédition, dite « commerciale ».

Nous avons ensuite entrepris une marche d'approche de dix jours pour parcourir les 250 kilomètres et les 3 600 mètres de dénivelé nous séparant du camp de base de l'Everest. Des monastères bouddhistes jalonnent le chemin dans la vallée du Khumbu. Chaque village a le sien, où les lamas prient et récitent des mantras de protection pour les expéditions. Leurs prières font souvent monter les larmes aux yeux des alpinistes les plus aguerris ; cette expérience, je l'ai vécue.

Sur la route se croisent grimpeurs, trekkeurs et caravanes mêlant porteurs et paysans locaux. Certains ponts suspendus sont aujourd'hui le théâtre de véritables embouteillages, si bien qu'il faut parfois attendre plus d'une demi-heure avant de s'engager pour les traverser, soixante mètres au-dessus du vide, si l'on ne veut pas être piétiné par un troupeau de yaks déjà lancés sur la passerelle.

Nous avons traversé rizières et villages, dormant de lodge en lodge. C'était la fin de la mousson, les torrents débordaient, plusieurs ponts étaient détruits et les forêts regorgeaient de sangsues dont il fallait se débarrasser à chaque pause, nos chaussettes imprégnées de sang.

À l'approche des 4 000 mètres, le terrain devient un enchevêtrement de pierres coupantes, parfois difficiles à traverser. Soudain, le sommet de l'Everest se dévoile. À 5 000 mètres, l'environnement n'est plus que moraine, un amas de débris rocheux jonchant la langue du glacier. Le camp de base s'y étale largement, chaque expédition prenant ses aises. Chacun y installe sa tente, tandis que les sherpas érigent une vaste tente-mess pour les repas.

Une fois installés, nous avons pris le temps de souffler et de nous acclimater pendant deux jours, avant d'entamer l'ascension à proprement dit. Le camp de base réunit généralement plus de trois cents personnes de toutes nationalités, réparties en une dizaine d'expéditions.

Aujourd'hui, la surpopulation est une réalité sur les voies d'accès à l'Everest. Les conséquences sur l'écosystème sont inévitables. Cette affluence est la cause de rivalités, parfois malsaines, entre les expéditions et provoque des engorgements, notamment au passage du ressaut Hillary, comme le retrace l'écrivain et alpiniste Jon Krakauer. Envoyé spécial du magazine américain *Outside*, et auteur de *Into Thin Air*[3], il a survécu au drame d'avril 1996 qui a vu seize personnes trouver la

3. Jon Krakauer, *Tragédie à l'Everest*, Presses de la Cité, 1998.

mort sur la montagne. J'ai la chance d'avoir gravi l'Everest il y a vingt-sept ans, à une époque où l'on n'était pas coincé dans les bouchons sur la voie d'accès au sommet !

Désormais, les himalayistes en quête d'Everest sont chaque année plus nombreux à vouloir tous atteindre le sommet, coûte que coûte. Je suis effarée de savoir qu'il peut y avoir la queue sur les cordes fixes ou au ressaut Hillary, et que certains ont recours aux bonbonnes d'oxygène dès 7 000 mètres, et même pour dormir !

Le prix des expéditions est devenu exorbitant. Certains sont prêts à débourser 200 000 dollars pour ajouter leur nom à la liste de ceux qui ont façonné la légende de l'Everest, derrière Edmund Hillary et Tenzing Norgay. En 1953, le géant himalayen était encore une terre vierge, réservant la prodigieuse beauté de son silence à une poignée d'aventuriers passionnés qui lui vouaient un culte. Depuis les premiers ascensionnistes, environ dix mille personnes ont tenté de marcher dans leurs traces, quatre mille avec succès.

Aujourd'hui, l'Everest ressemble à un parc d'attractions, une usine à records. Des foules de grimpeurs plus ou moins expérimentés s'y pressent, impatients de se prendre en photo sur le Toit du monde, comme ils le feraient en haut de la tour Eiffel ou de l'Empire State Building ! Des « touristes » qui laissent derrière eux des tonnes de déchets – cordages, emballages, bonbonnes d'oxygène vides, médicaments, batteries usagées, etc. –, dénaturent le paysage et le sens même d'une telle expérience : se retrouver seul avec soi-même et la montagne.

Pourtant cet afflux est une manne pour les compagnies de trekking et pour le gouvernement népalais, peu regardants sur l'expérience et la condition physique des aspirants himalayistes.

Pensez que certains candidats au sommet n'ont même jamais chaussé de crampons ! On en oublierait presque que la montagne peut tuer. Depuis la première ascension réussie en 1953, plus de trois cents personnes, des Népalais en majorité, sont mortes sur ces pentes. Des cadavres d'alpinistes abandonnés dans la neige au fil du temps jalonnent les voies d'ascension et servent aujourd'hui de repères aux nouveaux prétendants. Le corps de George Mallory, l'une des premières victimes de l'Everest, disparu en 1924, n'a été retrouvé qu'en 1999. Avait-il atteint le sommet ce fameux 8 juin 1924 ? Il s'agit de l'un des plus grands mystères de l'alpinisme.

Cette année encore, en 2017, dix alpinistes déjà ont perdu la vie en voulant gravir le Toit du monde. Et près de six cents ont atteint le sommet (trois cent quatre-vingt-deux alpinistes par le versant sud et environ cent vingt autres par le versant tibétain).

Entre le camp de base et le sommet, avec les sherpas, nous avons installé quatre camps : à 5 800 mètres, 6 200 mètres, 7 000 mètres et 8 000 mètres d'altitude. Il faut y monter les tentes et les duvets, la nourriture et le paquetage nécessaire à notre survie. Plus nous progressons en altitude, plus nous devons nous alléger. Inconcevable de hisser des boîtes de conserve à 7 000 mètres !

Avant l'ascension, les sherpas invoquent Bouddha au cours d'une cérémonie d'offrande appelée *puja*. Un rituel envoûtant, célébré dans la vibration des prières psalmodiées et le tintement des clochettes, où flotte l'odorante fumée de genévrier, où les drapeaux à prières multicolores claquent au vent, où le riz est jeté aux divinités de la montagne pour éloigner les mauvais esprits. Mantras et incantations s'élèvent vers les cieux. Je respecte infiniment ces cérémonies, leur recueillement, l'intensité des prières. J'ai moi-même fait tourner des milliers de moulins à prières dans les temples bouddhistes, à commencer par le célèbre *stûpa* de Bodnath à Katmandou, lieu de pèlerinage vénéré par les bouddhistes au Népal, toujours avec la main droite, toujours en respectant le sens de rotation (celui des aiguilles d'une montre), en les activant toujours avec déférence et empathie.

Une première montée nous a conduits au camp 1 où nous avons installé les tentes, avant de redescendre dans la foulée à 5 000 mètres. Cette première partie de l'ascension, jusqu'à 5 800 mètres, consiste à naviguer dans le chaos de la cascade de glace du Khumbu, entre les crevasses vertigineuses et les séracs monstrueux. Le glacier des Bossons, mais en plus énorme, perpétuellement en mouvement sous l'effet de sa propre masse, à raison d'une avancée quotidienne d'environ un mètre (là où le glacier des Bossons progresse de 250 mètres par an). Il nous faudra traverser plusieurs fois l'*Icefall*, toujours avec le sentiment de jouer à la roulette russe ! Des séracs de plusieurs tonnes peuvent céder sans prévenir ; un phénomène soudain et imprévisible, été comme hiver. Il faut progresser en zigzaguant dans ce terrain miné qui peut se transformer à tout moment. L'*Icefall* a beau être équipée d'échelles en aluminium et de cordes fixes installées et entretenues par les sherpas, c'est la partie la plus dangereuse de la voie, celle où il y a le plus grand nombre d'accidents et de morts.

Progressivement, nous avons gagné le camp 2, à 6 200 mètres, y avons déposé tentes et vivres, puis nous avons enchaîné jusqu'au camp 3 ou nous avons passé une nuit, avant de redescendre. Et ainsi de suite. Jamais, on ne reste en altitude, à moins d'y être contraint. Il faut chaque fois redescendre pour récupérer, s'acclimater et ensuite pousser plus haut.

Du camp 4 à 8 000 mètres, nous sommes descendus d'une traite jusqu'au camp de base, avant de remonter toucher les 8 300 mètres quelques jours plus tard, pour redescendre, chassés par le vent et le froid, de nouveau jusqu'au camp de base. Personne, ou presque, ne monte directement au sommet. Ces allers-retours sont laborieux et éprouvants, mais obligatoires.

Dans le salon des confidences, les femmes se taisent. Sandrine s'est enroulée dans l'une des épaisses couvertures rouges, elle est fascinée.

– J'ai l'impression de découvrir la montagne. Dire que j'habite en Savoie !

Les autres rient. Béatrice rappelle les troupes à l'ordre avec son franc-parler si attachant

– Chut ! les filles. Laisser Christine avancer, sinon la nuit va tomber, la température va dégringoler et ça ne va plus passer !

J'ai moi-même du mal à garder mon sérieux face à cette bande improbable de copines espiègles.

Entre 5 800 et 6 200 mètres, le paysage se modifie en un vaste plateau lézardé de crevasses qui obligent à rebrousser chemin lorsque le temps est couvert. On chemine à travers la combe Ouest, connue pour sa météo versatile avec des températures pouvant passer de 0 à plus de 40 degrés en quelques minutes, aussi appelée « vallée du Silence » car elle est abritée du vent par les parois gigantesques du Lhotse, du Nuptse et de l'Everest. Je me souviens de cette fois où le brouillard était si épais que notre trace disparaissait dans la neige. Poursuivre et se perdre dans ce dédale de crevasses aurait été suicidaire.

C'est au-delà de 7 000 mètres, lorsque la pente devient raide, que nous avons véritablement démarré l'ascension. Faire la trace nous obligeait souvent à enfoncer dans la neige jusqu'à mi-cuisses.

À 8 000 mètres, nous sommes parvenus sur un grand plateau, appelé « col Sud ». C'est là que nous avons posé notre dernier camp. Le taux d'oxygène n'y est plus que de 30 % et la température oscille entre - 60 et - 40 °C. Elle chute de 6 degrés par mille mètres et, en cas de vent, le ressenti du froid est accentué. Le redouté *windchill factor* multiplie par dix la sensation de froid, obligeant certains alpinistes à faire demi-tour à quelques mètres du sommet. Un être humain ne peut pas survivre plus de vingt-quatre heures dans cette « zone de la mort », au-dessus de 8 000 mètres d'altitude

– Qui veut une tisane pour se réchauffer ? propose Béatrice, l'œil malicieux.

Les femmes en immersion dans le récit ne réagissent pas.

– À 8 300 mètres, j'ai tenté un premier assaut vers le sommet. L'air glacé, sec, brûlait mes bronches, j'étais prise de quintes de toux irrépressibles, le vent était d'une violence inouïe. À un moment, j'ai senti que je devais quitter cet enfer. Je devais fuir. Mon corps, mes bronches me lâchaient. Je suis redescendue seule, plus bas que le camp de base, à 4 800 mètres. J'y ai rejoint le campement de scientifiques italiens. Là j'ai respiré tout mon saoul, pris du repos et partagé un plat de spaghettis. Les meilleurs de ma vie ! Dès le lendemain, je suis remontée au camp de base, avant de grimper d'une traite retrouver ceux de mon équipe qui avaient déjà atteint le camp 2, à 6200 mètres.

Nous avons continué ensemble jusqu'au camp 3 à 7000 mètres. Je grimpais dans un état de bien-être total. Je me sentais si bien que j'ai su que c'était le bon moment. Tout en montant, je savais que j'allais passer. J'étais irrésistiblement attirée vers le sommet. Sensation de rêve éveillé. Tout était fluide, le souffle, le cœur; mon corps était porté par une énergie invisible. Lorsque, vers 18 heures, j'ai atteint le camp 3, j'étais pour ainsi dire sublimée.

Ce fameux 5 octobre 1990, nous nous sommes réveillés à une heure du matin. Il nous a fallu deux heures pour nous préparer: faire chauffer l'eau, manger, s'équiper. À cette altitude, il est vital de boire au minimum quatre litres d'eau par jour et chaque geste s'effectue à une lenteur extrême. Il faut une bonne heure pour mettre ses chaussures, enfiler sa combinaison ou faire fondre un litre de glace. Et deux heures, la nuit, pour se décider à aller faire ses besoins en devant se libérer de sa combinaison en duvet!

À 3 heures du matin, nous sommes repartis à l'assaut des 8000 mètres et davantage. Nous ne progressions plus qu'à raison de cent mètres par heure. Avec Pascal Tournaire, le photographe de l'expédition, nous avons atteint le camp 4 à 8000 mètres vers 9 heures. Je n'avais pas emporté d'oxygène, mais j'ai senti que je ne pourrais pas continuer sans cette aide. Nous avions déjà parcouru 1000 mètres de dénivelé, il en restait 848. Par chance, le camp 4 disposait d'un stock de bouteilles d'oxygène, appartenant à diverses expéditions, pour les futurs prétendants au sommet. Je savais que nous étions à la fin des tentatives, que plus grand monde ne monterait cette saison, si bien que je ne pénaliserais personne en empruntant une de ces bonbonnes. Par radio, j'ai obtenu l'autorisation de prendre la bouteille convoitée. Une légère, en kevlar. À cette altitude-là, j'étais déjà fière de réussir à installer le manomètre ! J'ai réglé le débit au plus faible niveau, pour tenir jusqu'au sommet. Outre l'apport d'oxygène, même faible à moins de 2 litres/minute, le masque m'a apporté un réel confort bronchique, en réchauffant et en humidifiant l'air. La sensation était fabuleuse. Il me restait huit heures pour atteindre le sommet, et encore trois pour redescendre. Je sentais que c'était le bon moment. Pascal voulait faire les photos du chef de notre expédition, déjà en chemin pour le sommet. Il avait besoin d'un compagnon d'ascension… et ce fut moi ! Au début, j'avançais vingt pas par vingt pas, puis dix pas par dix pas. Au fil de la progression, même aidée par l'oxygène, j'ai bientôt dû m'arrêter tous les cinq pas pour reprendre mon souffle. Je n'étais pas épuisée, j'étais asphyxiée ! la météo était stable, nous avions attaqué à 9 heures… À partir de 8 500 mètres, je me suis dit : « Là, si je m'engage, je sais que je prends un vrai risque. »

J'étais face à un choix cornélien : avancer ou renoncer, oser ou abandonner, réussir ou échouer. J'avais conscience de passer un cap dans l'engagement. Je me suis réellement posé la question de savoir si je voulais oser, prendre ce risque, ou si je devais abandonner sans le sommet. Je me sentais bien et j'ai continué. À partir de cet instant, je ne me suis plus posé de question parce que je n'avais plus le droit de douter. L'hésitation n'était plus permise. Je regardais Pascal, nous étions seuls et unis par un lien surnaturel. Il était mon repère ; moi, j'étais le sien.

Pascal et moi n'étions pas encordés. Si l'un tombait, l'autre n'aurait pas pu le retenir. Le fameux ressaut Hillary à 8 790 mètres, à une centaine de mètres du sommet, présente un passage vertical sur les dix derniers mètres. Par chance, l'obstacle avait été équipé par des alpinistes passés avant nous. Une corde fixe nous a permis de nous hisser et nous a aidés à franchir cette paroi de roche et de glace.

Nous avons mis le pied sur le Toit du monde, entre ciel et neige, au coucher du soleil. Les derniers mètres ont été interminables. Il y a eu des dizaines de dernières bosses, des centaines de pas ultimes. Tout était extrême. Le froid, le blanc, le bleu, le vent, la volonté, la foi. Encore un pas, et puis un autre. Les minutes filaient, le soleil plongeait, le froid chutait, il était tard, il serait bientôt trop tard. Mais il fallait aller jusqu'au sommet, mètre après mètre, souffle après souffle.

Et soudain, je fis le tout dernier pas ! Dressée sur le sommet du monde, j'étais à la limite de nulle part. Un pas de plus, un dérapage, et c'était la chute côte tibétain.

Immobile au sommet du monde, j'ai retiré mon masque. J'avais pensé exploser de joie, connaître l'euphorie des grandes victoires, après ces centaines d'heures d'ascension, de lutte avec les éléments, le temps, la volonté… Mais nous nous sommes juste congratulés, Pascal et moi, comme après la signature d'un joli contrat. Il nous a fallu du temps pour réaliser. À notre décharge, en équilibre précaire sur le Toit du monde, nous avions la tête dans les nuages !

Là-haut, ce n'est pas comme à l'arrivée d'une grande traversée en solitaire, lorsque l'ivresse des proches et des moins proches vous emporte. Là-haut, il n'y a personne pour faire sauter le champagne, pas de hourras, pas d'embrassades. Là-haut, on est obnubilés par la perspective de devoir gérer la descente. Il ne faut jamais s'attarder sur un sommet, au risque de se faire engloutir par l'obscurité et le froid abyssal.

Je réalisais l'énormité d'être au sommet de la plus haute montagne de la Terre, d'avoir gagné, mais savourer ce paysage m'était impossible. Je savais qu'il fallait repartir, vite. Le soleil allait bientôt disparaître et ma seule pensée était qu'il fallait déguerpir. Rien n'était gagné, nous étions partis de 7 000 mètres à 3 heures du matin. Il était 16 h 45, la nuit tombait, la température avait chuté à - 60 °C et je voyais 3 000 mètres de vide vertigineux de part et d'autre sous mes pieds. Cette sensation-là fut aussi fugitive qu'intense. Impossible à décrire avec des mots.

Avec le froid, la fatigue et l'approche de l'obscurité, la descente est souvent dangereuse et perverse. On croit que l'épreuve est finie, or elle ne l'est pas. J'avais conscience de ce danger qui m'attendait, de la prudence extrême indispensable, de l'attention majeure avec laquelle il fallait évoluer. La majorité des accidents ont lieu après cette plénitude du sommet, provoqués par l'accumulation de tous les risques, l'ivresse des montagnes peut faire prendre des décisions insensées. Il arrive que la raison vacille à cause du manque d'oxygène aggravé par l'épuisement.

Je n'ai été rassurée que lorsque nous avons rejoint l'altitude de 8 500 mètres. Enfin, nous nous savions dans une sécurité toute relative. Nous avons pris le temps de nous arrêter, de regarder les étoiles, de savourer ce moment de plénitude et de réaliser notre exploit. C'était une nuit magique, une nuit de pleine lune. Nous nous sommes congratulés sous un ciel noyé de milliers d'étoiles. Je souriais, j'aurais voulu partager ce moment avec ceux que j'aime, ma famille, mon mari, mes amis, ceux qui avaient cru en moi. Et j'étais là, assise dans le froid, sous les étoiles, sans oxygène, les bronches douloureuses. Un moment extrême et totalement irréel.

Nous avons essayé de dormir au camp 4. Avec l'altitude, la fatigue, l'excitation et le froid, dire que nous avons essayé de survivre serait plus approprié ! Le lendemain, nous devions rejoindre le camp de base. Je me souviens avoir laissé mon sac à un sherpa croisé sur mon chemin, tant je voulais m'alléger ! Nous avons parcouru d'une traite les 3 000 mètres de dénivelé. Nous croisions ceux qui montaient tenter le sommet et nous étions comme embarrassés par notre victoire. Un sentiment bizarre. Pascal et moi n'osions pas exprimer notre enthousiasme. Par humilité, par respect aussi. Un peu gênés de revenir du sommet vers lequel eux avançaient encore. Comme si nous leur avions volé leur victoire…

Ceux que nous avons croisés ce jour-là ont tous dû rebrousser chemin. Nous étions deux passionnés, deux amateurs éclairés, nous avions tous deux un autre métier, nous étions libres d'échouer. Rien ne nous avait obligés à prendre ce risque insensé, sinon nous-mêmes. J'ai gravi l'Everest avec les autres alpinistes, jamais contre qui que ce soit, et avant tout pour moi !

Pour faire prendre toute la mesure de mes mots aux femmes du stage, nous regardons ensemble *Désir d'Everest !*, le film réalisé par Bernard Germain. Les images vont les émouvoir. Elles vont me découvrir à 33 ans, et même à cinq ans, bousculée par mon frère sur la plage de Douarnenez ! Et moi, de me retrouver à l'image avec vingt-six ans de moins…

Je leur montre ce film pour les rappeler à leur Everest personnel. La force des images, mon témoignage direct leur inspirent admiration et respect. Je le lis dans leur regard. D'un coup, certaines sont intimidées par la femme supposée hors norme qui a accompli cet exploit. C'est alors que je leur rappelle que l'Everest qu'elles ont surmonté a largement la valeur du mien. Je veux qu'elles gardent cette idée en tête. Mon épreuve, que j'ai choisie, a duré deux mois. Celle qu'elles ont subie a duré bien davantage. Leur sommet, celui de la guérison, de la vie, est tellement plus beau !

Demain sera notre dernier jour ensemble. Mimine saute sur mon lit et frotte son crâne tout rond contre mon épaule. Je m'endors bercée par son ronronnement et par le souvenir, ravivé ce soir, de cette incroyable journée où l'Everest a choisi de me laisser aller à lui, faisant chavirer mon existence.

Je pense à la tragédie survenue le 10 mai 1996 où l'Everest a fauché seize vies. Une des catastrophes les plus tragiques de l'histoire de l'alpinisme. Deux jours de conditions dantesques et un vent extrême ont eu raison de ces alpinistes d'expérience. Face à la fureur de la montagne, il faut savoir renoncer. La sagesse est synonyme de vie et d'humilité. Alors la montagne devient le plus merveilleux des Graal. L'Everest m'a ouvert le ciel pour m'accueillir sur son sommet et me montrer la voie : celle du cœur. Il a donné un sens à ma vie.

* * *

Les quatre plaisirs de la journée de Béatrice :

- Flotter dans l'eau et ne plus me soucier des regards.
- Poser la perruque de Juliette sur ma tête et entendre les rires de mes camarades
- Le tiramisu au café, sans gluten, cuisiné juste pour moi.
- Penser à demain en me disant que j'ai hâte d'y être !

Chapitre 7

Grandir par l'épreuve

« À Chacun son Everest ! déclenche indiscutablement les ressorts personnels du patient en cours de traitement ou guéri. La montagne soulèvera tout, les enfants, les enfants devenus grands, les soignants. Tous seront pris par elle et par l'esprit du groupe. »

Ces mots sont ceux du professeur André Baruchel. Ils sont le plus beau des hommages à la montagne salvatrice.

Des mots qui valent tout autant pour les femmes ; la montagne les emporte, les enveloppe de son énergie, avec une force que, là encore, je ne soupçonnais pas.

« Tu peux m'emmener là-bas, un jour ? » Ta voix pointue résonne encore et toujours dans mon cœur. Je t'avais répondu : « Promis, Michael, dès que tu iras mieux, je t'emmènerai ! », sans prendre la mesure de la portée de cet engagement. Je voulais juste effacer la tristesse de ton regard, je voulais que ton visage s'illumine. Assise sur le bord de ton lit, tes bras autour de mon cou, je n'avais déjà plus qu'une obsession en tête : te prendre par la main et t'emmener sur les traces de mon rêve.

Je n'imaginais pas la force que les séjours à Chamonix allaient procurer aux enfants atteints de leucémie ou de cancer, et encore moins celle qu'elle donnerait aux femmes en rémission d'un cancer du sein. L'incroyable élan vital qui naît ici, en chacune, est peut-être plus intense et plus miraculeux encore que chez les enfants.

Parce que l'enfant est moins seul ? Possible. Il a pour lui sa pureté, sa famille, l'amour inconditionnel des siens. Certaines femmes ont un passé lourd, d'autres sont confrontées à une immense solitude, en charge d'une famille, souvent responsables de jeunes enfants, et accablées par une vraie désespérance, des peurs aussi que ne ressentent pas forcément les enfants. Même conscients de la gravité de leur maladie, les enfants savent parler de la mort sans détour.

Les femmes sont *arrivée*s dans ma vie après deux décennies consacrées aux enfants. Avec le recul, je réalise qu'il m'aurait été impossible de commencer avec des séjours de femmes. Je n'avais ni la maturité ni la connaissance nécessaires. Mon apprentissage a été long. Les enfants m'ont appris et permis d'ouvrir la maison Vallot, puis d'ouvrir mon cœur aux femmes.

En 2011, j'avais atteint mon sommet personnel avec eux ; je devais trouver un nouveau chemin pour garder l'élan. Ce sont les femmes qui me l'ont ouvert. Si légitimes par rapport aux enfants, elles étaient la continuité naturelle de mon combat. Sans elles, je n'aurais pas trouvé la force de rester en équilibre sur mon sommet. Leur ouvrir les portes d'À Chacun son Everest ! s'est imposé à moi comme une nouvelle évidence.

Le premier séjour de femmes, je l'ai monté en dix jours. Les intervenants et accompagnants, je les avais trouvés sans vraiment les chercher. Maryse, par exemple, infirmière fraîchement retraitée, est venue à Chamonix à vélo depuis Blois

– 700 kilomètres –, munie d'un chèque de 25 000 euros récoltés par l'association La Cordée Val de Loire qu'elle a créée.

Les cordées sont nées naturellement, et de manière autonome, à partir des liens noués entre les accompagnants, les soignants, les familles et les participants aux séjours À Chacun son Everest !. Cordées provençale, bretonne, du Val de Loire, francilienne, Cordée Lutin-Luciole… autant d'initiatives individuelles, avec un même objectif : collecter des fonds et organiser des sorties auxquelles participent les femmes et les enfants accompagnés par leurs parents. Les cordées sont elles-mêmes en lien et favorisent échanges et solidarité.

Avec Lorraine, sophrologue, j'avais osé, quelques années auparavant, organiser une première séance de sophrologie avec les enfants. Son pouvoir relaxant sur les enfants est incontestable. Elle aussi m'a accompagnée tout naturellement. Il y a eu aussi Sandra, professeur de yoga, aujourd'hui repartie à La Réunion. Cette femme rayonnante de douceur et de sérénité m'a confortée dans ma volonté de donner une place de choix à sa discipline. Également convaincue des bienfaits des massages énergétiques pour l'esprit, j'ai rencontré deux masseuses : Hélène et Carole. Ainsi qu'une art-thérapeute, Anaka, une jeune femme spontanée à la belle chevelure blonde qui allait offrir aux femmes un après-midi de rires et de couleurs !

Je dois bien sûr citer Carole, toujours en appui au bureau, si essentielle, ma plus fidèle collaboratrice. Sans elle, je n'aurais jamais pu construire À Chacun son Everest !. Elle est celle grâce à qui tout a été possible. Elle connaît ma vie, nous avons tout partagé. Comme elle le dit souvent : « J'ai passé plus de temps avec toi qu'avec mon mari ! » Et toi, Carole, tu es le plus beau cadeau que m'a fait Antoine, mon ex-mari !

La première fois que j'ai rencontré Carole, elle avait débarqué avec son blouson noir et une furieuse envie de changer de vie. Je savais qu'il me fallait quelqu'un pour gérer mes activités, que seule je n'y arriverais pas. J'avais au fond de moi l'intuition que l'Everest n'était qu'un début, que de belles choses allaient en découler.

Carole a mis en œuvre la bureautique indispensable pour assurer une parfaite organisation. Puis tout s'est enchaîné. Elle est devenue le lien indéfectible entre l'association et le monde extérieur. Elle est ma sœur, ma consultante, ma confidente. Notre complémentarité est parfaite. Je suis le feu, le Yang, elle le Yin qui me tempère. Toujours à l'écoute, elle me protège lorsqu'il le faut. Elle seule a vu le chemin parcouru, vécu chaque phase de la transformation. Elle sait les étapes, les heures de travail, les difficultés, le cœur que je mets à l'action, les raisons de mes colères. Elle sait ce que j'ai mis en œuvre pour comprendre et progresser. Elle est mon pilier. Toujours d'humeur égale, sa mémoire est infaillible, et cerise sur le gâteau, nos partenaires l'adorent ! Carole est l'un des anges que l'Everest a mis sur ma route.

Le premier séjour de femmes s'est déroulé à l'automne 2011. Dans un paysage aux couleurs ocre, jaune et orange, la randonnée au Plan de l'Aiguille a été féerique. Nous avons rejoint le magnifique lac Bleu posé à 2 299 mètres. Les premières neiges étaient fraîchement tombées, les montagnes plâtrées. La lumière automnale faisait scintiller ce décor majestueux, l'enfilade des aiguilles de Chamonix et au loin le mont Blanc. Rien n'aurait pu être plus sublime. Par ce paysage magique, la nature me montrait elle aussi son approbation. La montagne me confortait dans l'idée que c'était juste. J'avais choisi la bonne route.

Comme les enfants, les femmes sont arrivées sur mon chemin de vie de manière instinctive, au moment où j'avais besoin de trouver un deuxième souffle, d'apprendre, d'évoluer. Les enfants m'avaient ouvert la voie, les femmes m'ont permis de passer à un autre niveau, d'être plus utile et de m'investir davantage encore. Je pouvais m'entourer d'une équipe fixe et soudée (Sylvie, infirmière ; Florence et Marie, ma nièce, permanentes au bureau, qui gèrent la logistique, la communication et les séjours enfants ; Marie-Odile, pour les activités sportives ; Éric à la comptabilité ; Alvaro et Fabienne pour prendre soin de la maison). Je n'étais plus seule.

La journée sera peut-être la plus forte du séjour. Il est 8 heures, le jour se lève sur le mont Blanc, immuable, majestueux. Mon chalet est posé à ses pieds et mon premier regard, chaque matin, est pour lui.

Pour cette dernière journée, le ciel nous offre un soleil radieux. Sa lumière nappe déjà les sommets et ses rayons réveillent doucement les flancs de la montagne. C'est le grand jour ; bientôt elles pourront dire qu'elles ont vaincu.

Le groupe est soudé comme jamais, les blagues fusent, les filles sont au top ! Seules Martine et Nadia, un peu timides, sont en retrait. Crainte de ne pas être à la hauteur du challenge ? Je sais qu'elles le seront !

Dès 9 h 30, raquettes au pied, nous démarrons l'ascension. Nous allons monter aux chalets de Chailloux, aux Houches, au-dessus de La Flatière. Deux heures et demie de marche sur de splendides sentiers enneigés qui serpentent entre les sapins, pour parcourir 600 mètres de dénivelé.

Nous traversons la forêt paisiblement. Au fil de la montée, nous apercevons en contrebas le col de Voza et le mont Lachat.

Nous marchons dans quarante centimètres de poudreuse, vers le Plan de la Cry, face à toute la chaîne du Mont-Blanc. La neige immaculée craque sous les raquettes avec ce bruit si spécifique qui, à lui seul, remplit l'espace. Le silence s'intensifie au fur et à mesure de la montée. L'effort demande de se concentrer. Je le leur répète ; transmission d'expérience pour une cause utile. Je n'aurais pas marché pour rien pendant plus de quinze ans de ma vie !

– Un pied devant l'autre. On inspire, on expire. On avance lentement. Régulièrement. Ne pensez à rien d'autre qu'à mettre un pied devant l'autre. Soyez dans l'instant présent.

J'entends leurs souffles qui s'accordent, je sens leur concentration extrême. Nous observons régulièrement une courte halte pour admirer le paysage et nous désaltérer. Notre cordée est soudée, dans cette solidarité qu'apporte notre objectif commun.

C'est au pôle Nord que j'ai véritablement mesuré l'étonnante régularité de ma respiration. J'écoutais mon souffle, prise par le rythme constant de la progression, en communion avec la nature environnante. Je me laissais bercer par la poésie du Pôle, dans une sorte d'état méditatif qui permet de s'accoutumer à l'effort, d'oublier le froid, la fatigue, la douleur.

Pas après pas, chacune avance à son rythme, trouve son souffle, dépasse ses limites. Pas après pas, elles conquièrent ce formidable second souffle. Même Nadia et Martine vont y arriver. Elles marchent à la rencontre de leur victoire personnelle.

– Courage ! je vous promets un paysage à couper le souffle.

– Impossible, Christine, du souffle, je n'en ai déjà plus ! ironise Béatrice.

Soudain, la forêt s'éclaircit. Première récompense : la vue somptueuse sur le massif du Mont-Blanc. Le groupe s'est un peu étalé ; les plus rapides progressent devant avec Marie-Odile. Laure ferme la marche. Amandine et moi sommes au milieu. Il ne faut pas frustrer celles qui gambadent ! Chacune doit aller à son rythme.

Toutes veulent y arriver, aucune n'abandonnera. Lorsque la fatigue semble insurmontable, le mental prend le relais du corps. Comme chaque fois, nous nous arrêtons quand il le faut pour partager une gourde d'eau fraîche, un mot de réconfort, une impression sur la magie du paysage.

– Plus que vingt minutes !

– Elle ne marche pas ta montre, Christine ! plaisante Béatrice. Tu nous as déjà dit ça il y a vingt minutes !

La file indienne rigole malgré la fatigue.

Nous sommes sorties des sapins. Au bout du plateau de Chailloux, deux petits chalets trônent à 1 923 mètres, dans un décor de carte postale.

Les chalets, au pied de l'aiguillette des Houches, ne sont plus qu'à une centaine de mètres. Une à une, les femmes les atteignent, déposent leurs sacs à dos, se félicitent, s'extasient devant le panorama qui étale devant leurs yeux l'aiguille Verte, l'aiguille du Midi, le mont Blanc du Tacul, le mont Maudit et le mont Blanc. Un panorama grandiose, à faire monter les larmes. La montagne se mérite et nous récompense par l'offrande d'une vue à trois cent soixante degrés sur ses sommets enneigés magnifiés par un soleil complice.

Après un pique-nique rapide, et avant d'entamer la descente, je propose au groupe de faire quelques mouvements de qi gong, suivis d'une courte méditation. Être ici et maintenant, en pleine conscience de l'instant, méditer après avoir atteint son objectif, pour mieux s'ancrer dans sa propre vie. Aucun mot ne peut remplacer les sensations indicibles que nous partageons sur ce sommet. La magie énergisante de ce lieu symbolique apparaît à chacune.

Moi aussi j'étais partie là-haut pour me chercher, me trouver, exister. Et la montagne m'a guérie. Aujourd'hui encore je ne peux rester longtemps loin d'elle, au risque de me perdre.

Les filles craquent les unes après les autres, s'étreignent. Mélange brutal de soulagement, de griserie, de lâcher prise. Des larmes roulent même sur les joues de Julie. Je la serre dans mes bras.

– Pardon, pardon, je ne voulais pas pleurer.

– Il n'y a pas de honte à pleurer. Laisse-toi aller, c'est un cadeau.

– Je ne pleure jamais ; ce n'est sûrement pas normal, d'ailleurs, ce qui m'arrive !

En tout cas, pleurer va l'alléger. Julie n'avait jamais versé de larmes depuis l'annonce de son cancer. Jamais elle ne s'était laissée aller. Forte pour ceux qu'elle aime, pour ses fils, pour son mari. On pleure beaucoup au chalet du bonheur !

À quelques mètres de nous, un groupe de montagnards nous observe avec un mélange de bienveillance et de curiosité. Soudain, un homme d'une soixantaine d'années se précipite vers moi

– Christine Janin ! Je vous ai reconnue ! Je suis si heureux de vous voir.

Il m'embrasse, des larmes plein les yeux lui aussi. Je ne sais pas qui est cet homme, je suis un peu gênée de ne pas le reconnaître.

– Ma femme a passé une semaine avec vous l'an dernier. Elle est revenue transformée. Elle a repris goût à la vie, et moi j'ai retrouvé la Dominique que j'aime.

Dans un moment comme celui-là, j'ai le sentiment d'être sur le bon chemin.

La descente de l'aiguillette des Houches se fait dans une totale décontraction. Les peurs sont vaincues, toutes les femmes ont désormais une bonne idée de leur capacité à aller de l'avant !

La dernière soirée est celle du bilan, de la remise des fameux « diplômes » aussi, symboles de cette cordée qu'elles ont rejointe à jamais.

Je les accueille avec mon habituel *Namasté* – « Je salue le divin qui est en toi » –, les mains jointes devant mon visage. Spontanément maintenant, elles me répondent de même. J'ai senti l'effet apaisant de ce salut à force de fréquenter les contreforts de l'Everest et l'Inde. De cette relation d'âme à âme émane une énergie positive que j'apprécie.

Les femmes se sont faites belles pour cette soirée particulière. Adieu les Crocs en plastique multicolores qui, certes, ne galbent pas la jambe, mais dont le port assure l'hygiène parfaite de la maison ! Elles s'amusent de se découvrir vêtues autrement que de polaires, leggings et chaussons d'intérieur. Anna a glissé ses pieds dans de fins escarpins, Julie est moulée dans une jolie robe noire et Sandrine arbore un pull blanc en mohair au décolleté à faire pâlir de jalousie un top model ! Voir leurs « compagnes de combat » si séduisantes les renvoie à la réalité de leur féminité.

Je suis toujours un peu émue le dernier soir. D'ailleurs nous le sommes tous ! Je n'aime pas les longs discours ; comme à leur arrivée, je veux aller à l'essentiel, simplement, de manière aussi directe que possible.

– Si j'ai tenu toutes ces années pour construire et faire grandir l'association, c'est grâce à vous. Chaque semaine vous me donnez l'envie et la force de continuer. Ici, vous n'êtes pas des malades mais des personnes qui ont vécu leur Everest et qui essaient de transformer l'épreuve traversée. La maladie est venue vous dire qu'il y a urgence à vivre votre vie. Je souhaite que la semaine passée ici soit un tremplin. Tout est possible, osez vos rêves et changez votre vie… L'en-vie est là !

Puis je rappelle à chacune d'elles son état d'esprit initial et les exploits réalisés, le chemin parcouru, tout au long de la semaine.

L'une voulait se relever, apprendre à s'aimer et à être forte pour continuer à avancer. Une autre avait failli renoncer à venir par appréhension. Une autre encore annonçait avoir peur de l'altitude, avoir besoin de retrouver confiance, vouloir refermer la parenthèse sans l'oublier. Celle-ci disait vouloir se convaincre qu'il était possible de vivre et de faire du sport comme avant. Quant à celle-là, elle affirmait redouter de vivre une semaine avec des femmes inconnues…

Je ne nomme personne, néanmoins, toutes se reconnaissent, rient de leurs craintes premières, de leurs envies nouvelles ou de leurs forces révélées. Chacune reçoit son diplôme des mains de l'un des accompagnants. Chacune témoigne, partage son émotion. Ce soir les larmes coulent comme au premier soir. Sauf que cette fois, ce sont des larmes de joie et de soulagement.

Maud a préparé un buffet sublime et nous allons partager une, voire plusieurs coupes de champagne. Seule entorse à la diététique de cette semaine où chaque soir la tisane avait coulé à flots !

La musique résonnera jusque tard dans la nuit. Célestine et Ernest ont fui les décibels dans le salon qui jouxte l'entrée. L'équipe de la maison Vallot s'est jointe à la fête. Nous sommes tous réunis avec un plaisir évident d'être ensemble. Ce soir, comme chaque semaine de stage, je suis DJette ! Et je tiens à souligner que je mets à jour mes *playlists*, telle une vraie pro !

Faire la fête est aussi un dérivatif pour continuer à éliminer les souffrances. J'aime danser, j'aime la musique, toutes les musiques : celles de mon enfance, Simon & Garfunkel, Joan Baez, Leonard Cohen, Véronique Sanson. J'avoue être souvent la première à grimper sur la table pour mettre l'ambiance ! Je craque pour les voix cassées et sensuelles comme celle d'Imany, pour la musique latino, pour Jasmine Thompson, pour le jazz, pour Etta James, Melody Gardot, Diana Krall et bien d'autres. Je ressens aussi une émotion toute particulière chaque fois que j'écoute *Into the Wild* d'Eddie Veder. Les paroles sont inspirées par la vie de l'aventurier Christopher McCandless qui abandonna tous ses biens pour partir en Alaska à la recherche du sens de sa vie. L'écrivain et alpiniste Jon Krakauer, l'auteur de *Tragédie à l'Everest* lui consacra un récit biographique[4] qui a été adapté au cinéma par Sean Penn[5]. La musique a le pouvoir instantané de secouer et réveiller les âmes. Récemment, j'ai découvert les bienfaits sur le corps et l'esprit des musiques zen. *The Symphony* de Mesparrow a envoûté nombre de soirées des

4. Jon Krakauer, *Voyage au bout de la solitude*, Les Presses de la Cité, 1997.
5. Sean Penn, *Into the Wild*, Paramount, 2007.

stages de femmes ; une mélodie pleine d'allant, de mystère et de féminité. La musique est émotion, et l'émotion n'a ni frontière ni langue. Elle décuple les sensations, bouleverse, console, égaye, répare.

Certaines femmes ne s'étaient pas autorisées à faire la fête, à danser, à se lâcher depuis si longtemps… En moins de cinq minutes, toutes se sont laissées emporter par la musique. Et elles se donnent à fond !

« *Il est où le bonheur, il est où ? Il est où ?* », chante Christophe Maé. Les femmes se lèvent et dansent, dansent. Sans retenue. Qui pourrait imaginer les épreuves traversées par cette joyeuse tribu ? Personne !

« *On l'veut le bonheur, on l'veut, oui !*
Tout le monde veut l'atteindre
Mais il fait pas de bruit, le bonheur, non, il fait pas de bruit
Non, il n'en fait pas
C'est con le bonheur, car c'est souvent après qu'on sait qu'il était là
Il est où le bonheur, il est où ?
Il est où ? »

Dans un même élan, ce sont les femmes qui chantent à présent à tue-tête et chassent les chagrins d'avant. Parce que la réalité, et elle seule, se conjugue désormais au présent !

« *Il est là le bonheur, il est là !* »

*
* *

Les quatre plaisirs du jour de Juliette :

- Une joie indicible face au mont Blanc.
- Danser, danser. Il y avait si longtemps.
- Sentir le vent sur mon crâne. Adieu la perruque !
- Me regarder dans le miroir de la salle de bains et me trouver belle.

Chapitre 8

Le déclic de vie

L'heure de la séparation et du départ est arrivée. Des liens forts se sont noués au fil des jours et des mots. Certaines ont du mal à exprimer leur émotion. Natacha serre ses amies longuement dans ses bras. Martine peine à retenir ses larmes. Anna a attrapé un feutre et écrit sur le grand *paperboard* de la salle à manger : « Merci la vie de m'avoir permis de vous rencontrer. »

Elles se regardent, émues. La voix enjouée de Sandrine brise le silence.

– Hé, les filles ! et si on restait une semaine de plus ?

L'approbation générale fait écho à sa proposition. Un « oui » qui résonne comme un magnifique « oui » à la vie !

Elles sont toutes réunies pour un dernier café avant de quitter leurs sœurs de cœur et d'aventure. Je les regarde et je suis apaisée : cette semaine encore, le pari de l'Everest est gagné. Leurs liens sont désormais indestructibles. Ces douze femmes ont trouvé un nouvel élan. Dès demain, elles vont oser leur rêve, faire des projets. Leurs yeux brillent déjà d'un nouvel éclat.

Ce séjour en montagne, aussi ponctuel soit-il, agit souvent comme un déclic. Certaines femmes reprennent leur travail, libérées de la crainte du regard de leurs collègues. Il arrive qu'à la suite de leur stage, elles se séparent de leur conjoint ou, au contraire, se marient avec leur compagnon, ou retournent vers celui qu'elles avaient quitté. D'autres changent carrément leurs habitudes de vie ou osent des voyages qu'elles n'auraient jamais cru entreprendre.

Alexandra s'est lancée dans la création d'un festival de yoga. Christine a ouvert une galerie de peinture. Valérie, après avoir fait le bilan de ses échecs personnels et professionnels, a enfin écouté son envie profonde de partir à Jérusalem. Viviane a osé affronter et quitter l'homme qui la battait depuis plus de quinze ans. Tania est aujourd'hui une costumière de théâtre épanouie, tandis qu'Elaine a suivi une formation de chapelière et qu'Isabelle s'est lancée dans la création de sacs et de bijoux en cuir. Angelica a écrit son premier livre et Patricia est devenue photographe. Véronique, mannequin, a repris confiance en elle et trouvé le courage de participer à un défilé de sous-vêtements après sa reconstruction mammaire…

Beaucoup de femmes ont voyagé à travers le monde et voyagent encore ! Plusieurs sont parties marcher au Népal, en Inde ou au Bhoutan, d'autres sont allées nager avec les dauphins en mer Rouge. Stéphanie et Sandrine ont même gravi le mont Blanc, jusqu'au sommet ! Bernadette a atteint le Kalapathar, à 5 545 mètres, qui domine le camp de l'Everest, et a crapahuté quinze jours durant à très haute altitude en Himalaya. Bénédicte a entraîné sa famille dans un tour du monde, de la Patagonie au Japon, via la Polynésie et la Mélanésie. Lalie a réalisé son rêve de jeunesse : elle est devenue accompagnatrice de montagne et enseignante de yoga. Un besoin nouveau de spiritualité était né ici.

Nombre des femmes ayant séjourné à la maison Vallot se sont lancées dans l'aventure associative, qu'elle soit ou non en lien avec le cancer. Soum de Toy, Entre Ciel & Mer, La randonnée Vallésienne, Instant Zen, Festival MaMaste, Moi je les soutiens. Et vous ?, Gai-Rire, les Dragon Ladies d'Annecy, de Thonon-les-Bains et de Paris sont autant d'associations dont l'essence a germé ici au pied du mont Blanc. J'en parraine beaucoup et je suis fière de les soutenir, de les accompagner.

Quelle que soit la nouvelle route de chacune, toutes, au-delà de leurs différences, resteront en lien. Toutes resteront disponibles pour leurs sœurs d'aventure. Toutes ont retrouvé de l'énergie et l'audace de dire « non », pour mieux dire « oui » à la vie.

La boucle des rencontres peut être un magnifique tremplin. À l'instar des femmes, les enfants et les adolescents peuvent trouver en eux la capacité d'oser vivre leurs rêves. Anthony avait 16 ans quand il a séjourné avec nous. Depuis, diplômé des Arts et Métiers et d'une école de commerce australienne, il a fait deux fois le tour du monde sans lâcher le sac à dos que nous lui avions donné. À 26 ans, il est revenu à Chamonix pour gravir le mont Blanc en hommage à ses copains de chambre, malheureusement disparus. Il ne trouvait plus de sens à son travail, à son tour il voulait aider les autres. Alors je lui ai raconté l'histoire de Bikram, mon fils de cœur.

Bikram a travaillé deux ans au sein de l'association. Il s'occupait de la maison et il aimait accompagner les enfants et les femmes lors des marches en montagne. Il avait rencontré une Française lors d'un trekking. Ils s'étaient mariés et ils allaient avoir un bébé. Lui, l'enfant placé dans une famille d'accueil à Katmandou, puis envoyé dans un monastère, allait fonder sa propre famille. Mais Fanny a succombé à un cancer. L'oncologue de Fanny m'a parlé de Bikram, un peu comme on jette une bouteille à la mer.

Je me rappelle son arrivée à l'association. Assis sur les marches, le regard au loin, l'air désespéré, il songeait à mourir. Immédiatement, je lui ai proposé d'aider les enfants. C'était le jour du parcours accrobranche et j'avais besoin de renfort. Je l'ai vu sourire, surpris sans doute. Le lendemain, il nous a accompagnés au « sommet », et de fil en aiguille, il est resté avec nous. Au début, je l'hébergeais chez moi, puis je lui ai attribué une mission officielle à la maison Vallot. À lui l'entretien des lieux et l'accompagnement des excursions. Il y avait sa chambre. Chaque week-end, je l'emmenais skier, grimper ou faire de la randonnée. Petit à petit, le travail de deuil a fait son œuvre.

Je sentais son désir de rentrer au Népal, de retrouver son pays. Il n'osait pas s'en ouvrir à moi. « Après tout ce que tu as fait pour moi ! », me disait-il.

Je n'avais rien fait ! J'avais juste ouvert mon cœur pour permettre la rencontre de sa belle âme avec Bouddha. Nos liens sont indéfectibles, je l'aime comme mon fils spirituel.

Pour le rassurer et le conforter dans son choix, je suis partie avec lui dans la vallée du Langtang, au nord de Katmandou, le long de la frontière tibétaine. Il était fier de me guider, de prendre soin de moi, comme savent si bien le faire les guides népalais. J'étais heureuse de partager ces moments et je songeais à mon précédent voyage dans cette région, quatre ans auparavant, pour les vingt ans de mon ascension de l'Everest. J'avais fait le tour du Manaslu, le huitième plus haut sommet du monde qui culmine à 8 163 mètres. Un circuit de grande randonnée magnifique qui se déroule sur 177 kilomètres autour de la montagne. J'avais eu la sensation de n'avoir jamais quitté l'Himalaya. La puissance des échanges avec les personnes des différentes ethnies rencontrées avait effacé les années en une fraction de seconde. Dans cette vallée du Langtang, avec Bikram, nous avons également fait des rencontres marquantes, notamment celle de Chime et Sumjio et leurs trois petites filles, Pemba, Tezen et Pasang.

Malheureusement, le 25 avril 2015, un séisme de magnitude 7,8 sur l'échelle de Richter, le plus violent recensé dans le pays depuis 1934, ébranla le Népal et causa la mort de près de dix mille personnes. L'inquiétude me vrilla le cœur. Lorsque, après plusieurs jours de recherche, je réussis enfin à joindre Bikram, sa détresse était immense. Les blessés se comptaient par milliers, les dégâts matériels étaient incommensurables, les temples splendides de Durbar Square à Katmandou étaient détruits. Bikram m'envoya une photo où je le découvris assis sous une tente, seul, le regard hagard. Tous ses rêves étaient partis en fumée. Après avoir perdu sa femme, il avait retrouvé goût et sens à sa vie, il était rentré dans son pays, s'était formé pour devenir guide de montagne, et tout s'était de nouveau effondré autour de lui, au propre comme au figuré.

Bikram me donna des nouvelles de la famille de Sumjio. Son mari, Chime, était décédé, elle avait le bassin fracturé, plus de toit et ses trois petites filles à charge, dont la plus jeune, Pemba Kandu, n'avait pas un an. Notre conversation stimula Bikram et conforta la décision que je sentais germer en moi. Je devais agir pour ce pays qui m'avait tant donné, pour Sumjio, pour ses filles, pour Bikram. L'aide de celui-ci allait être précieuse : il serait mon relais sur le terrain. Dès le lundi, j'envoyais un message à quelques milliers de contacts. Les réactions furent instantanées, les dons affluèrent et dès le samedi suivant, soixante-dix tentes de vingt places étaient acheminées à Katmandou, avec le partenariat de SOS Attitude et Aviation sans frontières. Une magnifique chaîne de solidarité s'était mise en place à la vitesse de l'éclair, et Carole était évidemment sur tous les fronts.

Les envois suivants de matériel furent bien plus compliqués. L'État népalais bloqua les deux tonnes et demie de marchandises et voulut régenter la distribution. Bikram dut négocier pied à pied pour contourner les bakchichs et permettre à l'aide humanitaire d'être distribuée. Ce blocage dramatique freina les secours et provoqua le départ de nombreuses ONG.

Je décidai alors de me rendre au Népal avec une poignée de bénévoles, afin d'acheminer davantage de tentes et de matériel. Mon amie Guilaine Chenu, du magazine *Envoyé Spécial*, me proposa de réaliser un reportage et me donna carte blanche pour témoigner de la situation au Népal. Nous avons tous voyagé « léger » pour emporter un maximum de vêtements et de médicaments à redistribuer.

Avec Bikram, nous avons ensuite créé Bikram Solidarité Népal. « Quand j'ai commencé à être utile, j'ai commencé à aller mieux », m'a-t-il confié. Il poursuit aujourd'hui sa mission d'aide à la reconstruction de maisons et assure le relais pour nos actions, notamment en faveur de jeunes filles scolarisées. Bikram a trouvé un sens à son retour dans son pays. Sans lui, je n'aurais pas pu monter l'association. Dans ces pays déshérités, le malheur des uns est vite exploité par d'autres. Bikram a été choqué de voir des Népalais profiter d'aides gouvernementales alors que leur maison était intacte, et plus horrifié encore par le trafic d'enfants sous couvert d'orphelinat. Ainsi en est-il de certains orphelinats qui exploitent des milliers d'enfants soi-disant orphelins, alors que la plupart ont une famille… La corruption fait loi, et les faux papiers sont obtenus grâce à des policiers véreux. Un véritable trafic d'enfants qui me rend folle de rage.

Les besoins sont immenses mais Bikram est vigilant quant aux aides à accorder et à la manière de reconstruire. Il se rend dans les villages isolés, où vivent des porteurs qu'il connaît. Puis il demande aux familles de s'impliquer dans la reconstruction.

Deux ans après le séisme, Bikram Solidarité Népal a permis la reconstruction d'une quarantaine de maisons et assuré le parrainage scolaire d'une vingtaine d'enfants, principalement des jeunes filles car elles sont trop souvent destinées à devenir des esclaves ménagères, voire à la prostitution.

Connaissant l'histoire de Bikram, Anthony n'a pas hésité : il l'a rejoint à Katmandou. Les deux hommes sont désormais associés, leur action est efficace et leur enthousiasme intact.

Et moi ? Dans quelle direction dois-je aller ? L'ouverture de l'association aux femmes m'avait offert un nouveau sommet à atteindre. Je suis arrivée au terme de cette ascension, j'ai atteint le faîte d'une montagne où je ne peux demeurer. L'immobilité m'est aussi impossible sur un sommet que sur le chemin de ma vie. Dans les deux cas, l'asphyxie aurait raison de mon énergie. J'ai consacré dix années de mon existence aux expéditions, dédié les dix suivantes à construire À Chacun son Everest ! et les dix dernières à guider l'association dans son développement.

Au fil des années, j'ai acquis une certitude, aussi vitale que l'était mon paquetage d'expédition, certes moins lourde, mais tellement plus essentielle : celle d'être là pour passer le message que l'Everest m'a transmis. La nouvelle route que j'emprunterai portera nécessairement son parfum.

Pour autant, je dois aussi trouver mon bonheur en moi. Être en paix, me libérer de cet Everest pour mieux veiller sur lui demain. À mon tour, il est l'heure que je mette en pratique l'enseignement reçu, que je transforme mon énergie en un nouvel objectif.

Je me suis investie corps et âme pour quitter le monde de l'extrême, un univers aussi difficile que simple, dans la mesure où l'on n'y vit que l'instant présent. L'Everest, le Vinson, le McKinley, l'Elbrouz, le Kilimandjaro, le Carstensz, l'Aconcagua ou le pôle Nord sont des planètes magiques mais arides qui vous coupent de toutes les autres. Elles absorbent votre esprit, canalisent vos pensées vers un seul et unique objectif : vaincre les éléments, franchir les crevasses et survivre.

À Chacun son Everest ! m'a sauvée de ces planètes envoûtantes et permis de renoncer à la quête de l'extrême. Heureusement, car un jour ou l'autre, je n'aurais plus trouvé la force de redescendre. Sans l'association et les immenses témoignages d'amour qu'elle m'apporte, j'aurais continué les expéditions. Je serais sûrement morte là-haut comme tant de mes compagnons d'expédition. Parce que je n'ai jamais eu peur de la mort. Parfois, lorsque j'étais trop fatiguée, lorsque je n'arrivais pas à trouver mon chemin, je l'ai même souhaitée, comme une libération. Pour trouver la paix. Il m'arrive encore de me dire que ce serait *la* solution. Mais non ! Il faut continuer, avec le courage de l'introspection, chercher, même si ce n'est pas toujours facile.

La belle aventure À Chacun son Everest ! m'a demandé le don de moi, de ma vie, de mon temps. J'ai toujours été une *work addict* et si je me suis tant engagée, c'était aussi une forme de fuite. Grâce à l'association, je me suis réconciliée avec mon enfance et, à présent, avec la femme que je suis.

Hélas, dans cet engagement, j'ai perdu une liberté qu'il me faut maintenant reconquérir pour trouver ce précieux second souffle. Un fragile équilibre qu'il faut en permanence travailler pour ne pas chuter.

En avril 2016, j'ai dû subir une intervention chirurgicale, pour résorber une fistule à la tête qui, si elle n'avait été diagnostiquée, aurait pu dégénérer en accident vasculaire cérébral. C'était une alerte, je m'en suis sortie sans séquelle.

Je prêche à tous d'écouter son corps, or j'ai atteint mes limites ! La maladie m'a envoyé un avertissement : si je ne veux pas m'épuiser, au risque de m'effondrer, il me faut trouver un autre mode de fonctionnement, pour que l'association dure.

Un nouveau chemin va s'ouvrir ; je le sais et je veux pouvoir être libre de l'emprunter. Mais pour être capable de le repérer, je dois accepter de lâcher prise sur l'association devenue aussi indispensable à ma vie qu'aliénante. Je voudrais me donner du temps, car la liberté qui me porte depuis l'enfance m'est aussi essentielle que l'oxygène.

Je voudrais voyager pour moi, égoïstement ! Pas uniquement pour me reposer.

Je voudrais retrouver une vie plus classique, accepter de ne rien avoir à me prouver, être capable de me poser, ne plus être dans le contrôle, et pourquoi pas, folie suprême, faire la grasse matinée !

Je voudrais être libre d'être et ne pas être dans le *pas-être,* ne plus devoir faire attention aux regards, aux critiques, assumer et être fière de ce que j'ai accompli. En France, être différent, réussir, impose de sans cesse s'expliquer, de se justifier. Toute réussite est suspecte ! On en finit même parfois par douter de soi. J'aurais dû gravir l'Everest sans oxygène, et pourquoi pas pieds nus ! En tant que femme, on est d'autant plus exposée aux jugements. Au début, j'ai entendu dire que tout ce que j'entreprenais, c'était pour faire parler de moi. Mais je suis la porte-parole de l'association, et ce rôle est incontournable pour qu'À Chacun son Everest ! continue d'avancer.

Je voudrais retrouver la confiance qui me portait sur les plus hauts sommets.

Je voudrais ne plus me laisser envahir par le doute distillé par ceux qui me jugent ou ne me comprennent pas.

Je veux m'entourer uniquement de ceux que j'aime, de ceux qui acceptent mon chemin et qui savent qui je suis.

Je veux aller là où la vie va m'amener, suivre mon intuition et être libre d'y aller.

Je ne suis plus la Christine qui défiait les sommets ! Je serai capable de m'en dissocier dès lors que j'aurai l'assurance qu'À Chacun son Everest ! pourra perdurer dans son esprit actuel. Certains m'assurent que j'ai le droit d'arrêter après plus de vingt années d'une présence constante… Mais comment accepter ces paroles ? Le renoncement, c'est la lâcheté. Je dois trouver la voie de ma liberté, tout en garantissant la pérennité de l'association. Trop de gens m'ont fait confiance, trop de gens attendent de moi que je montre le chemin. Cette responsabilité est lourde. J'y ai mis ma vie, mon cœur, mon énergie, mes colères, mes peurs aussi. Il me faut maintenant trouver la ou les personnes prêtes à s'engager et à respecter l'exigence de cette mission. Et ce n'est pas facile !

Je vais ouvrir une nouvelle page de ma vie. Pour les dix années à venir, je serai ma propre priorité ! J'ai besoin de vivre de nouveau des expériences qui me feront vibrer. J'ai besoin de retrouver le temps de me nourrir et d'apprendre de nouvelles choses, notamment en matière de soins et de méditation, pour éprouver la sensation de vibration. Trouver une sérénité encore plus forte, retrouver la nature, les montagnes que j'aime tant, davantage vivre ma vie de femme aussi.

Je voudrais trouver la place pour quelqu'un. Être aimée, c'est aussi un objectif. C'est si beau de partager. Demain, je veux oser l'amour et ne pas être exclusivement dans le soin des autres. Je n'y arriverai que si je parviens à lâcher prise, pour prendre le risque d'être aimée par une seule personne. Je dois mettre de côté l'amour universel que permet l'engagement associatif total mais qui m'enferme paradoxalement dans une profonde solitude. Garder ma liberté tout en partageant... Un rêve que je veux croire accessible, car je suis désormais davantage dans la recherche de l'harmonie et moins dans l'excès.

Je n'avais pas d'autre choix que de tout donner pour faire vivre À Chacun son Everest !. Je ne regrette rien parce qu'il m'était jusque-là impossible de partager mon temps.

J'ai toujours été dans le mouvement ; je suis une vraie nomade de corps et d'esprit et mon chemin va se poursuivre. La nomade du corps veut faire une halte pour mieux laisser l'esprit voyageur découvrir de nouveaux horizons. Je rêve d'une maison en Thaïlande, au bord de la mer d'Andaman, où je pourrais méditer, ou dans un autre paradis bordé d'eau, pour faire du yoga, poursuivre mon apprentissage…

Je veux me reconnecter avec moi-même, retrouver mon corps, l'énergie que je n'ai plus. J'ai besoin de me libérer des contraintes liées au rôle de leader et de manager ; tout ce que je n'aime pas et que j'ai assumé comme j'ai pu ! Alors quelque chose de nouveau pourra s'enclencher, parce que je serai réceptive à ce qui pourra m'arriver.

Aucun de mes compagnons d'ascension n'aurait pensé, il y a vingt ans, que je me mettrais un jour à la méditation. Et pourtant ! De l'effort solitaire d'hier à l'action collective d'aujourd'hui, du déploiement de l'énergie personnelle au rassemblement des énergies de chacun, je crois qu'il est des moments où les choses doivent survenir, les projets se réaliser. Il suffit d'être attentif aux signes et surtout d'être prêt. Je m'y prépare !

Des erreurs nous en faisons tous, j'en ai fait, mais j'ai tenu bon car je crois à ce que je fais. Avec les années, les coups font moins mal. J'avance sur mon chemin de vie, les reliefs sont mieux définis, et peut-être même qu'un beau matin les coups ne feront plus mal du tout !

Osez votre vie, allez de l'avant, vos rêves sont réalisables ! Je le martèle aux femmes et aux enfants avec une absolue conviction. À moi d'être à leur hauteur, de déverrouiller mes derniers freins et de trouver la liberté !

La montagne correspondait à mon goût du défi, mon besoin de changement. Je savais instinctivement que quelque chose m'attendait là-haut, au-dessus du « niveau » de la vie ordinaire ! Aujourd'hui, je n'en ai plus besoin de la même

Les droits d'auteur perçus par Christine Janin sur les ventes de ce livre sont entièrement reversés à l'association À Chacun son Everest!.

Si vous voulez aider l'association, vous pouvez:
– Adresser votre chèque par courrier à:
Maison « À Chacun son Everest! »
703, rue Joseph Vallot
74400 Chamonix

– Effectuer un virement en ligne:
https://www.jedonneenligne.org/acse/

Pour plus d'informations:
http://www.achacunsoneverest.com
chamonix@achacunsoneverest.com

Merci de votre aide!

Vous bénéficiez d'une réduction d'impôt sur le revenu de 66 % de votre don dans la limite annuelle de 20 % de votre revenu net imposable et, si vous êtes une entreprise, d'une réduction d'impôt sur les sociétés de 60 % de son montant (plafonné à 2 millions d'euros; au-delà, la réduction d'impôt est égale à 40 %) dans la limite de 20000 € ou de 0,5 % du chiffre d'affaires annuel hors taxes.

Écrivaine et auteure de théâtre, **Anna Véronique El Baze** a rencontré Christine Janin dans les premières années de son aventure associative. Celle-ci rêvait déjà d'un chalet capable d'accueillir les enfants au pied du mont Blanc. Alors en charge de la communication du groupe Prisma Media, Anna Véronique cherchait une belle cause à soutenir... L'engagement du docteur Janin la laisse admirative et son initiative l'enthousiasme. L'intérêt de À Chacun son Everest ! lui est confirmé lorsqu'elle voit les jeunes malades retrouver le sourire et la confiance en la vie après quelques jours à Chamonix.
Lorsque Christine Janin a imaginé ce livre, c'est à Anna Véronique El Baze qu'elle a immédiatement demandé d'en être coauteure.

manière viscérale. Mon besoin est ailleurs. J'ai inventé ma médecine, celle de l'âme, au fil de mes pas. J'aspire à la vraie liberté, j'ai envie de nature, libérée du besoin de me confronter aux épreuves et d'affronter les montagnes pour me sentir vivante.

Ce dont je serai le plus fière, c'est de voir À Chacun son Everest ! grandir et durer.

Il me reste à emprunter une nouvelle voie, à trouver un nouveau souffle, riche du chemin parcouru sur les pics acérés et riche de l'énergie que m'apportent les femmes et les enfants que j'accompagne sur leurs sommets.

Je veux gravir plus haut que l'Everest, plus vertigineux, plus magique encore. Par la méditation et l'apprentissage de nouvelles techniques de soin et grâce à l'amour. Par la capacité et la certitude d'y voir clair en mon cœur, d'être capable et libre d'aimer au grand jour un être pour son âme. Dire ainsi que j'assume cette part de moi, c'est déjà atteindre un palier vers mon prochain sommet.

Je viens de franchir le cap des 60 ans. Je me prépare à inaugurer une nouvelle étape de ma vie. Un épisode au cours duquel je devrai laisser l'association grandir sans moi.

À Chacun son Everest ! doit pouvoir fonctionner de manière autonome. Et moi, je dois apprendre à vivre sans elle ! Elle a beau être mon « bébé », elle a grandi et, à 23 ans, je dois lui lâcher la main. Comme un enfant que l'on accompagne avant de le laisser partir, sans jamais le perdre de vue. Ma mission sera d'être garante de l'éthique et d'aider peut-être l'association à se démultiplier, pour véhiculer son message plus haut, plus loin, en accompagnant les projets des enfants et des femmes. Je serai le catalyseur, le *coach*, un lien lorsque je le pourrai.

Ce jour-là, j'aurai pleinement réussi. Bien sûr, je n'abandonnerai jamais mon « bébé », ma création ; je serai toujours là pour veiller sur lui, pour l'aider à franchir les passes difficiles, le conseiller, lorsque mon aide sera requise.

Lorsque je partirai vers mon prochain sommet, je garderai un œil sur À Chacun son Everest ! pour que rien ne l'abîme. Jamais. On a si vite fait de se tromper… Quoi que je décide demain, où que je sois, je serai toujours vigilante. Davantage encore, car je serai libre.

Remerciements

Un grand merci à Anna Véronique El Baze qui a su retranscrire mes récits avec sa belle plume, ses mots justes et sa sensibilité.

Merci à Isabelle Fortis des Éditions Glénat pour sa confiance; elle a permis la réalisation de cet ouvrage.

Merci aux nombreux « compagnons de cordées » qui m'ont accompagnée de sommet en sommet et aux partenaires qui m'ont soutenue lors de mes expéditions.

Merci à vous tous, présents dans ce livre, ainsi qu'à tous ceux qui me sont chers et que je n'ai pas pu citer; vous avez participé à construire mon chemin de vie.

Merci tout spécialement aux enfants et aux femmes qui se battent pour leur sommet en nous donnant tellement de leçons de vie.

Merci évidemment aux membres du bureau et du conseil d'administration de l'association À Chacun son Everest! Ils ont permis la réussite de ses vingt-six années d'existence en nous offrant leur savoir, leur énergie, leur enthousiasme et leur amitié:
– Philippe Lebœuf, président, qui a succédé à Jean-Pierre Davaille (président depuis la création de l'association en 1994) en 2014,
– Evelyne Debrosse, secrétaire générale,
– Pierre Remise, trésorier.

Et merci à tous les autres membres du conseil d'administration:
Hugues Aufray, Pr André Baruchel, Jean-Claude Boulet, Alain Cordier, Jean-Pierre Davaille, Dr Marc Espié, Caroline Greffe, Frédéric Hello, Jean-Paul Lafay, Eric Massot, Bruno Mégevand, Catherine Séguinet-Michaud, Cyril Titeux, Hélène Voisin.

Un merci tout particulier à André Baruchel, professeur en pédiatrie, chef du service d'hématologie-immunologie pédiatrique de l'hôpital universitaire Robert-Debré à Paris, conseiller médical, cofondateur et garant médical de l'association.

Merci à Hélène Voisin, ex-directrice de l'école à l'hôpital Trousseau, aujourd'hui retraitée, à l'origine de ma rencontre avec les enfants dans les hôpitaux.

Merci pour leur dévouement sans faille au professeur Guy Leverger, responsable du pôle hématologie-oncologie de l'hôpital Trousseau, aux docteurs Thierry Leblanc et Jean-Hugues Dalle, ainsi qu'à Chantal Barthélémy, assistante médico-administrative du service d'hématologie-immunologie pédiatrique de l'hôpital Robert-Debré à Paris.

Merci au docteur Marc Espié, responsable du centre des maladies du sein à l'hôpital Saint-Louis à Paris, pour son implication depuis 2011 dans notre action à destination des femmes.

Merci à tous les chefs de service, médecins, infirmières et infirmiers et personnels hospitaliers engagés à nos côtés pour leur travail extraordinaire. Ils sont notre lien avec les malades et le soutien indispensable à notre mission.

Merci à mon équipe : Carole, Éric, Pascale, Florence, Léa, Aurélie, Fabienne et tous les intervenants fidèles, médecins, infirmières, cuisiniers, photographes, masseurs, profs de yoga, chargés des soins de support, guides, etc.

Merci aux donateurs et aux nombreux bénévoles qui nous aident depuis toutes ces années, et nous permettent d'aller toujours plus loin.

Merci à nos si nombreux partenaires dont la générosité, la fidélité et la mobilisation nous permettent d'accueillir les enfants et les femmes :
GPMA, Fondation Coromandel, Laboratoire Janssen-Cilag, Groupe Johnson&Johnson, April/Assurever, Au Vieux Campeur, Brother, Carrefour Market/Groupe Provencia, C10, Clarins, Club des Dirigeants

de l'Hôtellerie Internationale et de Prestige, Cocktail Scandinave, Conseil départemental de la Haute-Savoie, Ecotel, Électro Dépôt, Espri Restauration/DLG, Fondation Air France, Fondation Caisse d'Épargne Rhône Alpes, Groupe Dunoyer, Prisma Média, Région Auvergne-Rhône-Alpes, Rolex, SNCF, Volkswagen Utilitaires.
4810 Chocolaterie, ACB Xerox, Béal, Bel, Bernardi, Botanic, Canon, Caractère, Compagnie du Mont-Blanc, Cybergraph, Dumarest, Espoir Santé Harmonie, Fondation Groupe Samse, France Incendie, Fujifilm, Fusalp, Glaces des Alpes, GTL International, Holiste, Hôtel Campanile Lyon Part Dieu, Hôtel Héliopic, Hôtel Rocky Pop, Idéal Sport/Degré 7, ISETA, Jean-Lain, Julbo, Kisio, La Chamoniarde, La Maison de Teiss, La Pièce Solidaire, Le Drapo, L'Entrepôt du Bricolage, Lestra, Mairie de Chamonix, Marais du Bulloz, Materne, Maxell, Métropole de Lyon, Mont-Blanc Collection, Nic Impex, Ninapharm, Océa Smart Building, Odysséa, Open Gardens, PASàPAS-KPF, Patrick Humblot SARL, PGHM de Chamonix, Plast'innov, PNY, Préfecture de la Haute-Savoie, QC Terme, Raffin&Associés, Sabine Masson Artisan Fleuriste, Saint-Gervais Mont-Blanc, Schöffel, SOFOP/Taliaplast, Scutum, Sogedex, Staubli, Sysoco, Tecnica, Temmos Hôtels, Textile-Print, Thermes de Saint-Gervais Mont-Blanc, Thermocompact, TSL, UTMB.

Merci à tous ceux qui ont été présents à nos côtés :
AED, ALP, Auditoire, Advent International SAS, BCA, Bosch, Boondooa, Brabo, Brière Architectes, Cabinet Reinhart Marville Torre, Crambes/Casse-Tête, Ferrero, Fondation Crédit Agricole Ille et Vilaine, Fondation AVEC, Fondation DB Groupe, Fondation EMV, Fondation Française des Jeux, Fondation Hermès, Fresh Influence, Lazard Frères Banque, Les 2 Marmottes, Lutins et Lucioles, Micromania, Oxyvie, Premi Homme, Prowin, Pyrex, Reusch, Roche, Rossignol, Rotary Club Chamonix Mont-Blanc Megève avec l'Ultra Trail du Mont-Blanc, Sotrasign, Rotary Club Lyon Val de Saône, VLAD.

Merci aux nombreux Club Services, aux innombrables associations très actives à nos côtés et à nos Cordées, formidables relais au niveau régional : La Cordée bretonne, La Cordée du Val de Loire, La Cordée francilienne, Cœur Vanessa.

Merci à tous ceux qui, dans l'ombre, apportent leur pierre à ce bel édifice au service de nos champions de la vie. Merci à tous mes amis pour leur amitié et leur amour. Merci à ma famille.

Merci tout simplement à la vie de m'avoir donné la chance de cette aventure.

Je dédie ce livre à tous ceux qui, malgré leur force et leur courage, nous ont quittés. Je ne vous oublie pas. Vous me guidez chaque jour dans ma mission.

Depuis 1994, À Chacun son Everest! aide les enfants atteints de cancer ou de leucémie et, depuis 2011, les femmes en rémission d'un cancer du sein à « guérir mieux » grâce à l'ascension de « leur Everest ». Les séjours réparateurs proposés à Chamonix offrent aux enfants et aux femmes un accompagnement global, psychologique et physique. L'objectif est de les aider dans cette phase difficile de l'« après-cancer » en leur permettant de reprendre confiance en eux, de se réconcilier avec leur corps, de partager leur vécu avec d'autres malades et de retrouver une belle énergie de vie, pour un nouvel avenir.
www.achacunsoneverest.com

Table des matières

Dans la même collection « Hommes et Montagnes » :

Jean-Michel Asselin, *L'Irrésistible Ascension de Sonam Sherpa*
Jean-Michel Asselin, *Nouvelles Chroniques des hauteurs*
Jean-Michel Asselin, *Patrick Berhault : un homme des cimes*
Cyril Azouvi, *Une année en haut*
Yves Ballu, *La Conjuration du Namche Barwa*
Yves Ballu, *Les Alpinistes*
Yves Ballu, *L'Impossible Sauvetage de Guy Labour*
Yves Ballu, *Mourir à Chamonix*
Yves Ballu, *Naufrage au mont Blanc*
Yves Ballu, *La Possibilité du vide*
Patrick Berhault, *Encordé mais libre*
Odette Bernezat, *Que la montagne est belle !*
Toni Bernos, *Les Prisonniers de l'inutile*
Stéphanie Besson, *Trouver refuge*
Philippe Bonhème, *Yannick Seigneur, l'iconoclaste*
Émilie Brouze et Bérénice Rocfort-Giovanni, *L'Hiver en Himalaya – L'ultime défi*
Tommy Caldwell, *Push ! La Vie au bout des mains*
Emmanuel Cauchy, *Docteur Vertical*
Emmanuel Cauchy, *Médecin d'expé*
Emmanuel Cauchy, *Les Chroniques du Docteur Vertical – Intégrale*
Gilles Chappaz, *En solo*
Gilles Chappaz, Bruno Kauffmann, *Le jour J.O.*
Collectif, *Dictionnaire thématique des Alpes*
André Demaison, *Les Diables des volcans – Maurice et Katia Krafft*
Denis Ducroz, *Le Pont de neige*
Fernando Ferreira, *L'Alpiniste errant*
Claude Gardien, *Les Nouveaux Alpinistes*
Alain Ghersen, *Risque et alpinisme*
Alessandro Gogna et Alessandra Raggio, *Cordées célèbres*
Bernard Gorgeon, *Une vie à grimper – Du chanvre aux JO*
Gérard Guerrier, *Alpini*
Horst Höfler, *Hermann Buhl*
Guillaume Lebaudy, *Abécédaire un peu vache des alpages*
Vincent Lecarme, *Sentiers de vie, récits d'un médecin de montagne*
Djalla-Maria Longa, *Mon enfance sauvage*
Djalla-Maria Longa, *Terre courage*
Davide Longo, *Le Mangeur de pierres*
Claude Marthaler, *Voyages sellestes*
Reinhold Messner, *Le Sur-Vivant*
Gilles Modica, *Destin d'alpinistes*
Greg Mortenson, *Trois tasses de thé*
François Nicard, *Secours en immersion*
Louis Oreiller, Irene Borgna, *Là où l'horizon est plat, je ne tiens pas*
Marcel Pérès, *Lionel Terray, l'inoubliable conquérant*
Rainer Rettner, *Triomphe et tragédies à l'Eiger*
Françoise Rey, *Crashs au Mont-Blanc*
Martine Rolland, *Première de cordée*
Isabelle Scheibli, *Le Roman de Gaspard de la Meije*
Roberto Serafin, *Walter Bonatti, de l'homme au mythe*
François Suchel, *Liberté, foulées, fraternité*
Joe Simpson, *Aventures en paroi*
Joe Simpson, *Encordé avec des ombres*
Joe Simpson, *La Dernière Course*
Joe Simpson, *La Mort suspendue*
Joe Simpson, *Le Bruit de la chute*
Mirella Tenderini, *K2*
Mélanie Valier, *Et si tout s'arrêtait là ?*
Mélanie Valier, *Reprends ton souffle*
Beck Weathers, *Laissé pour mort à l'Everest*

Achevé d'imprimer en Espagne en mai 2021 par Liberduplex,
sur papier provenant de forêts gérées de manière durable.